상대방을 확 사로잡는
자기소개의 규칙

상대방을 확 사로잡는

자기 소개의 규칙

다나카 쇼조 田中省三 지음 | 박주영 옮김

HOW TO INTRODUCE YOURSELF

아라크네

상대방을 확 사로잡는
자기소개의 규칙

초판 1쇄 인쇄 2011년 1월 15일
초판 1쇄 발행 2011년 1월 20일

지은이 다나카 쇼죠 田中彰三
옮긴이 박주영
책임편집 신주식
펴낸이 김연홍
펴낸곳 아라크네

출판등록 1999년 10월 12일 제2-2945호
주소 121-865 서울시 마포구 연남동 224-57
전화 02-334-3887 **팩스** 02-334-2068

ISBN 978-89-92449-68-7 13320
※ 잘못된 책은 바꾸어 드립니다.
※ 값은 뒤표지에 있습니다.

들어가는 말

당신은 '자기소개'를 잘한다고 생각하십니까?

서두부터 갑작스러운 질문이라 당혹스럽겠지만 자신이 자기소개를 어떻게 하는지 한번 생각해 보십시오.

'나를 소개하는 것인데 자기소개를 잘하고 말고가 있나? 자기소개야 간단하지 뭐.'

'내가 나를 가장 잘 알고 있는데, 그냥 내 이야기를 하면 되는 거 아닌가?'

이렇게 생각하시는 분들도 당연히 계실 겁니다. 하지만 정말 그럴까요? 자신이 하고 있는 자기소개를 생각해 보십시오. 자기소개를 할 때 가장 중요한 것을 빼놓고 있지는 않습니까? 당신의 자기소개는 그것으로 충분합니까?

이직을 하거나 회사 내 부서 이동으로 말미암아 새로운 직

장 동료들을 만나게 될 때 우리는 자기소개를 하게 됩니다. 학생이라면 동아리에 가입하거나 기타 모임 등에 참석할 때, 아르바이트를 구하거나 취직을 하기 위해 면접을 볼 때도 자기소개를 하게 됩니다.

만약 영업 사원이라면 처음 만나는 사람이라 하더라도 그 사람의 마음을 사로잡아야 합니다. 그렇게 하지 못한다면 영업 실적이 좋을 수 없습니다. 비단 영업 사원뿐만 아니라 어떤 일을 하든지 처음 만나는 사람과 말을 할 때 상대방이 자신을 '또 만나고 싶은 사람'으로 생각하도록 만드는 것은 매우 중요합니다.

물론 '자기소개가 그렇게 중요한가?'라는 생각이 들지도 모릅니다. 필자도 그렇게 생각했었던 적이 있습니다. 지금까지 여러분이 했었던 자기소개를 떠올려 보십시오. 가장 전하고 싶었던 말들을 상대방에게 제대로 잘 전달했습니까? 그의 마음을 확실히 사로잡았습니까?

자기소개를 듣는 입장에서 생각해 봅시다. 지금까지 들었던 자기소개 중에서 처음에 별 생각 없이 듣다가 내용이 흥미로워서 아직도 기억하고 있는 자기소개가 있습니까? 반대로 다른 생각을 할 만큼 듣기 싫었던 자기소개는 없었습니까? 또 자기소개를 듣고 난 후 그 사람에 대해서 더 알고 싶다고 생

상대방을 확 사로잡는 자기소개의 규칙

각한 적이 있었습니까? 다시 만나고 싶다고 생각한 적이 있었습니까?

자기소개가 아니더라도 지루한 이야기가 길어지면 사람들은 조금씩 지치게 되고 이야기가 빨리 끝나기만을 바라게 됩니다. 여러분의 자기소개는 어떻습니까? 여러분의 자기소개가 상대방에게 지루한 인상을 줄지도 모른다는 생각을 해 보셨습니까?

대부분의 사람들이 자기소개를 잘하는 방법을 모르기 때문에 밋밋한 자기소개를 하고 있는 것입니다. 세상에는 자기소개를 아주 잘하는 사람들도 있습니다. 그런 사람들은 대부분 인맥이 탄탄하기 때문에 다른 사람들보다 일을 잘 처리하는 경우가 많습니다.

풍부한 인맥은 풍부한 인생을 살아갈 수 있는 가능성을 넓혀 줍니다. 그러나 매력적인 자기소개를 하지 못한다면 인맥을 넓히기 어렵습니다. 오랜만에 찾아온 인연도 새로운 인간관계로 만들어 나가기 어려울 것입니다. 그 기회가 아깝지 않습니까?

어떻게 하면 상대방을 사로잡는 매력적인 자기소개를 할 수 있을까요? 자신의 장점을 나열하면서 자신을 세일즈하면 될까요? 아니면 오랜 시간을 들여서 자신에 대해 계속 이야기하면 될까요? 여러분이 자기소개를 듣는 입장이라면 이러한 자기소개를 더 듣고 싶습니까? 물론 절대 아니라고 대답할 것입니다.

자신을 매력적으로 보이게 하는 자기소개를 할 수 있는가에 따라 다양한 인간관계가 펼쳐질 수도 있고 그렇지 못할 수도 있습니다. 자기소개를 잘하지 못하면 다양한 사람들을 만나더라도 좋은 기회를 놓쳐 버릴 수 있습니다. 생각해 보십시오. 기회라는 것이 매일 찾아오는 것도 아닌데, 만약 그 기회를 놓친다면 얼마나 안타까운 일입니까! 인생에서 활용할 수 있는 시간과 에너지, 그리고 인연으로 만들 수 있는 사람의 수는 한정되어 있습니다.

저는 어렸을 적부터 말을 잘하지 못했습니다. 때문에 말수가 적었고 그러다 보니 친구들과도 잘 어울리지 못했습니다. 만담의 인기가 굉장히 높은 일본의 관서 지방에서 태어나고 자랐기 때문에 말을 잘하는 친구들이 주위에 많았고, 저의 열등감은 더욱 심해졌습니다. 말을 잘하는 친구들을 보면서 '어떻게 저렇게 말을 잘할 수 있지?'라며 신기해하기도 했습니다.

말을 잘하는 것은 재능이나 감각으로 결정되는 것일까요? 재능이란 태어나면서부터 부모에게서 물려받은 것이기 때문

에 바꾸기 어렵습니다. 하지만 노력하면 될 것이라는 생각에 열심히 노력한다고 해도 그 방법이 틀리면 바라는 결과는 얻을 수 없습니다.

저는 '어떻게 하면 나도 말을 잘할 수 있을까?' 하고 생각하게 되었습니다. 말을 잘하기 위해서 필요한 것이면 무엇이든지 다 해 보자고 다짐했습니다. 학창 시절 동안 다양한 분야의 세미나에 참석하였고 그때 배운 것들을 계속 실천에 옮겼습니다. 현재 저는 말하는 방법과 프리젠테이션 기법, 자기소개를 하는 방법, 교수법 등의 내용으로 일본 전국 각지에서 강의를 하고 있습니다. 말이 서툴렀던 제가 아무런 노력도 하지 않고 그냥 포기했다면 지금의 저는 절대로 있을 수 없었을 것입니다.

물론 그냥 열심히 하겠다는 열정만 갖고 있었던 것은 아닙니다. 지금처럼 말로 하는 일을 할 수 있게 된 것은 여러 선생님들의 가르침을 철저하게 연구하면서 말 잘하는 방법들을 익히려고 노력했기 때문입니다. 이 과정에서 어떤 일이든지 방법이 있다는 것을 알게 되었습니다. '좋은 방법을 몸으로 익히는 것이 말을 잘하는 가장 빠른 길'이라는 것을 실감했습니다.

자, 다른 사람들에게 깊은 인상을 심어 주는 '자기소개의 비법'을 자신에게 적용시켜 봅시다. 상대방을 매료시킬 수 있는 확실한 자기소개 방법이 있습니다. 그 방법을 지금부터 아낌없이 소개하려고 하니 그것을 자신에게 적용시켜 보십시오.

이 책에 실린 자기소개 방법은 심리학이라는 과학을 기반으로 하기 때문에 인간이라면 누구에게나 통하는 보편적인 방법입니다. 모든 방법을 한 단계씩 자기 스스로 적용해 볼 수 있도록 알기 쉽게 정리하였습니다.

우선 어깨에 들어간 힘부터 빼고 즐겁고 가벼운 마음으로 읽어 주십시오. 이 책을 다 읽었을 때, 아마도 여러분의 머릿속에는 지금까지와는 다른 아주 다양한 아이디어들이 떠오를 것입니다.

지식이나 기술적인 정보들을 아무리 많이 모으더라도 실천력이 생기는 것은 아닙니다. 앞으로 여러분의 인생에 평생 도움이 될 수 있는 기본적인 원리나 원칙을 우선 몸에 익히도록 해야 합니다. 정보가 흘러넘치는 이 시대에 그저 눈속임하려는 기술이 아니라 평생 재산이 될 만한 원리나 원칙을 자신의 것으로 만들어야 합니다.

상대방을 매료시키는 자기소개를 할 수 있게 된다면 매사에 자신감이 생기고 또한 일도 더 잘할 수 있게 됩니다. 이로써 여러분의 인생이 크게 달라질 것입니다.

자, 이제 그 첫 발을 내딛어 봅시다. 여러분이 '자기소개의 달인'이 되어 많은 사람들에게 신뢰를 얻으면서 풍요로운 인생을 살 수 있도록 하는 방법을 전수해 드리겠습니다.

다나카 쇼죠 田中省三

CONTENTS

들어가는 말

PART 1

자기소개 하나로 인생을 바꾼다

01 나의 자기소개는 정말로 괜찮은가 · 19

02 매력적인 자기소개가 인생을 바꾼다 · 24

03 자기소개로 인생이 바뀐 사람들 · 30

- **Mini Work 1** 역발상법으로 아이디어를 만들어라
- **워크시트 1** 바람직한 자기소개란?

Column 보는 방법을 바꾸면 인생도 바뀐다 · 44

PART 2 누구나 놓치기 쉬운 자기소개의 핵심

01 자기소개에서 가장 중요한 것 · 49

02 더 알고 싶게 만드는 자기소개 방법의 세 가지 핵심 · 56

● 워크시트 2 짧은 형식의 자기소개

● Mini Work 2 단번에 공감을 얻는 방법

PART 3 바로 실천할 수 있는 프로들의 기술

01 자기 이야기를 만들어라 · 75

　● **워크시트 3** 긴 형식의 자기소개

02 초등학생도 이해할 수 있도록 이야기해라 · 90

03 상대방과의 공통된 주제를 찾아라 · 95

　● **워크시트 4** 자신의 강점을 찾자 1

　● **워크시트 5** 자신의 강점을 찾자 2

04 꿈과 이상을 말로 표현하라 · 106

　● **워크시트 6** 상대방에게 나를 이해시키자

05 차이가 공감을 만든다 · 112

　● **워크시트 7** 자신의 성장을 측정하자

06 나만의 직함으로 인생이 급변한다 · 126

　● **워크시트 8** 자기다운 직함을 만들자

Column 불완전함을 받아들이는 용기를 가져라 · 139

PART 4 자기소개에 대한 궁금증을 해결한다

01 상황에 알맞은 자기소개하기 · 143

02 한 번에 자신을 기억하게 만드는 비결 · 146

03 자기소개에서 신경 써야 할 것 · 151

04 자, 이제 실천이다 · 170

● **워크시트 9** 앞으로의 구체적인 행동 계획

Column 지원자와 면접관은 보는 것이 다르다 · 179

나오는 말

자기소개 하나로
인생을 바꾼다

1

나의 자기소개는 정말로 괜찮은가

매력적인 자기소개가 인생을 바꾼다

자기소개로 인생이 바뀐 사람들

HOW TO INTRODUCE YOURSELF

01

나의 자기소개는
정말로 괜찮은가

지금까지 다양한 종류의 자기소개를 들어왔을 것이다. 그중에서 다음과 같은 형식의 자기소개가 가장 전형적일 것이다.

"안녕하세요. 저는 '지은이'라고 합니다. 잘 부탁드립니다."

우리가 자기소개를 듣는 상대방이라면 이러한 자기소개가 기억에 남겠는가. 게다가 들릴 듯 말 듯한 아주 작은 목소리에 담긴 자신감이 없어 보이는 자기소개를 듣는다면 어떻겠는가. 아마 자리에서 일어나는 순간 '지은이'에 대한 것들을 바로 잊어버릴 것이다. 정신없이 빠르게 돌아가는 오늘날, 하루 일과를 마치고 귀가했을 때 또는 다음날이 됐을 때, '지은이'를 기억하기란 참으로 어려울 것이다. 자기 나름대르 긴장하고 신경 써서 자기소개를 했음에도 불구하고 상대광과의 만남이 그 한 번으로 끝난다면 참으로 안타까울 것이다.

지금까지 당신이 해왔던 자기소개나 상대방에게 들었던 자기소개를 생각해 보자. 학교나 직장, 거래처나 모임 등의 여러 상황들 속에서 우리는 상당히 많은 자기소개를 하거나 또는 들어 왔다. 그 자리에서 다음과 같은 자기소개를 하지 않았는지 또는 다른 사람들이 그렇게 자기소개를 하지 않았는지 생각해 보자.

평범남 씨, 강한녀 씨, 딴소리남 씨의 자기소개를 들어 보자.

자주 볼 수 있는 자기소개의 예 1　내용이 없다

평범남 씨의 자기소개

평범남이라고 합니다. 저는 1977년 8월에 태어났으며, 게자리입니다. 키는 172센티미터이고, 혈액형은 A형, 출신지는 ○○○입니다. ○○대학의 경영학부를 졸업하였고, 현재는 무역 회사에 근무하고 있습니다. 취미는 독서와 영화 감상이고……

예 1에서 평범남 씨는 자신에 대해 많이 이야기하고 있지만 정보들을 단순하게 나열하는 것에 그치고 있다. 이러한 자기소개는 자신의 개성이나 인간미를 전달할 수 없다. 상대방이 이와 같은 자기소개를 듣는다면 그 사람의 이름이나 얼굴을 꼭 기억하고 싶어 할까? 단순히 사실만을 나열한다면 상대방의 마음을 강하게 움직일 수 없다. 하지만 안타깝게도 이러한

형식의 자기소개를 하는 사람이 우리 주위에 상당히 많다.

자주 볼 수 있는 자기소개의 예 2　강요하는 듯하다

강한녀 씨의 자기소개

안녕하세요. 주식회사 ○○소프트엔지니어링에서 근무하고 있는 강한녀라고 합니다. 제가 하는 일은 현재 시중에 판매되는 범용 소프트웨어를 개발하는 일입니다. 최근까지 중소기업들 대상으로 하는 경리사무용 소프트웨어를 개발하는 일을 했습니다. 이 제품이 지난달부터 시중에 판매되고 있는데, 이전 것에 비해서 획기적인 특징을 새로 갖추고 있습니다. 이 소프트웨어에 대해 조금 설명해 보도록 하겠습니다. 우선 첫 번째로…….

예 2에서 강한녀 씨의 자기소개는 마치 소프트웨어를 판매하려는 판매원의 설명 같다. 처음 만난 상대방이 나에게 갑자기 어떤 제품에 관해 자세하게 설명한다면 어떻겠는가? 그의 이야기를 더는 듣고 싶지 않을 것이다. 하물며 그에 대해 더 알고 싶다는 생각은 들지 않을 것이다.

자주 볼 수 있는 자기소개의 예 3　상황에 적합하지 않다

딴소리남 씨의 자기소개

○○대학 1학년인 딴소리남이라고 합니다. 취미는 빵을 먹으며 걸

어가는 것입니다. 사실 오늘 여기 오는 길에 아주 맛있어 보이는 빵을 파는 빵집을 발견했습니다. 초콜릿이 든 빵들이 많았으며, 들어가 앉아서 빵을 먹을 수 있는 자리도 별도로 있는 것 같았습니다. 집에 돌아가는 길에 반드시 들를 생각입니다. 그리고……

예 3에서 딴소리남 씨가 하는 자기소개는 빵을 좋아하는 사람들의 모임이나 미팅 자리에서 어울릴 만하다. 만약 이 상황이 학원 강사 아르바이트 면접이었다고 한다면 어떻겠는가? 아무리 아르바이트라고 해도 딴소리남 씨를 강사로 채용하는 것은 불안하다고 생각할 것이다.

우리가 상대방의 입장이라면 위의 자기소개들을 더는 듣고 싶지 않을 것이다. 자기소개란 처음 만난 사람에게 자신을 알리는 수단이다. 도미노에 비유하자면 자기소개는 모든 도미노를 쓰러트리는 첫 번째 패다. 이것이 쓰러지지 않는다면 다른 도미노들도 쓰러지지 않는다. 상대방은 당신의 자기소개를 듣고서 당신이 어떤 사람인지를 판단한다. 즉 자기소개는 '나를 이러한 사람으로 알아 달라'고 요청하는 첫 메시지라 할 수 있다. 자기소개가 상대방에게 보내는 첫 메시지이기 때문에 그에게 주는 인상도 가장 크다.

자신의 자기소개가 좋은 인간관계를 맺기 위한 첫 번째 패의 역할을 다하고 있는지 살펴보라. 혹시 생각지도 못한 사이

에 상대방에게 자신의 부정적인 이미지를 심어 주어 크게 손

해를 보고 있지는 않은가.

02

매력적인 자기소개가 인생을 바꾼다

➡ '신뢰'를 주는 자기소개의 중요성

앞선 예에서 평범남 씨와 강한녀 씨, 딴소리남 씨 모두 상대방과 '어떠한 것'을 쌓는 데 실패했다. 그 '어떠한 것'이란 무엇일까? 그것은 우리가 사회생활을 할 때 가장 중요한 것 중 하나인 '신뢰 관계'다.

자기소개는 처음 만나는 사람에게 신뢰를 주기 위한 가장 중요한 수단이다. 신뢰는 인간관계를 만드는 기초가 된다. 어느 누구도 신뢰할 수 없는 사람이나 의심스러운 사람과 알고 지내거나 친구로 지내고 싶어 하지 않는다. 그런 사람들과의 이야기는 흘려듣게 마련이며, 나중에 다른 자리에서 그 사람이 아무리 훌륭한 말을 한다고 해도 진심으로 받아들이기 어렵다.

첫 만남에서 신뢰를 얻어야 두 번째 만남을 기대할 수 있으

며 이후 세 번째, 네 번째 만남으로 발전할 수 있다. 당신의 연인이나 친한 친구, 업무와 관련된 고객 등의 얼굴을 떠올려 보자. 그들과 처음 만났을 때가 반드시 있었을 것이다. 그리고 그 다음에 그 사람들과의 두 번째 만남이 없었다면 어떻게 되었을까? 그 사람들과 돈독한 관계를 지금까지 계속 유지할 수 없었을 것이다. 만약 당신 주위에 친구나 연인, 특별한 사람 등이 없다면 당신이 어떻게 하루하루를 보내고 있을지 생각해보길 바란다.

첫 만남에서 어떤 사람의 신뢰를 얻어 이후에도 계속 만날 수 있는가 하는 것은 처음에 자기소개를 어떻게 하느냐에 달려 있다.

➡ 자기소개를 잘해야 실적이 좋아진다

앞선 세 가지 예에는 공통점이 또 한 가지 있다. 그것이 무엇인지 알기 위해서 우선 자기소개를 들은 상대방의 기분을 상상해 보자. 평범남 씨와 강한녀 씨, 딴소리남 씨의 자기소개를 들은 상대방은 다음과 같은 부정적인 생각을 할 수 있을 것이다.

• 평범남 씨의 자기소개를 들었을 경우

'별자리? 혈액형? 그런 얘기는 뭐 하러 하지? 초등학생도 아

닌데……'

• 강한녀 씨의 자기소개를 들었을 경우

'웬 소프트웨어 이야기? 솔직히 무슨 말인지도 모르겠고 관심도 없다.'

• 딴소리남 씨의 자기소개를 들었을 경우

'학원 강사 면접을 보러 왔으면서 갑자기 빵집에 관한 이야기는 왜 하는데? 뭘 생각하며 사는 건지 모르겠네.'

만약 당신이 이러한 자기소개를 그대로 따라한다면 상대방은 당신의 자기소개를 끝까지 듣고 싶어 하지 않을 것이다. 왜냐하면 그들의 자기소개가 '그 장소에서' '무엇을' '어떻게 이야기 하는가'라는 핵심에서 모두 벗어나 있기 때문이다. 따라서 자신을 잘 알리는 자기소개라고 말할 수 없다.

예로 든 세 명이 '핵심'을 제대로 짚은 자기소개를 한다면 상대방은 관심을 갖고 듣게 될 것이다. 하지만 전달해야 하는 '핵심'이 무엇인지 모른 채 자신이 하고 싶은 이야기만 계속한다면 상대방은 필시 따분하다고 느끼게 될 것이다. 결국 서로 시간만 낭비한 셈이다.

만약 어떤 자기소개가 상대방의 관심을 끄는지 알게 된다

면 자신감을 갖고 사람들 앞에서 이야기할 수 있다. 자신의 자기소개를 관심 있게 들어 주는 상대방을 보면서 기쁘게 이야기할 수 있으며, 아울러 상대방으로부터 신뢰도 얻을 수 있을 것이다. 더 나아가서 상대방으로부터 스카우트 제의를 받거나 중요한 계약을 성사시키는 등의 좋은 성과를 얻을 수도 있다. 새로운 고객이 생기거나 스카우트 제의를 받는다면, 또 자신과 어울리는 연인이 생긴다면 앞으로의 인생은 그전과 많이 달라질 것이다.

상대방의 관심을 끄는 자기소개를 한다면 인맥이나 인간관계를 넓힐 수도 있다. 때문에 자신의 부족한 면을 보완해 줄 수 있는 주변의 적임자에게 가벼운 마음으로 부탁할 수 있을 것이다. 혼자 고심하며 시간을 보내는 것이 아니라 친분이 있는 전문가에게 맡기면 되는 것이다. 괜한 고성을 하지 않고서도 좋은 결과를 얻을 수 있는 방법이다.

인간은 혼자서 잘할 수 있는 것이 한정되어 있다. 여러 사람들의 지혜와 힘을 빌리고 또 서로 협력해야만 우리의 인생이 즐거워지고 풍요로워진다.

모든 것들이 순조롭게 이루어지도록 하기 위해서 '상대방의 관심을 끄는 매력적인 자기소개'를 할 수 있어야 한다. 매력적인 자기소개를 하게 된다면 우리의 인생은 점차 긍정적인 방향으로 흘러가게 될 것이다.

➡ 자기소개가 나를 성장시킨다

자기소개에는 '숨겨진 효과'가 있다. 자기소개는 내가 희망하는 모습으로 나를 성장시킨다.

'경리사무를 담당하고 있습니다.'

'우리 회사와 고객들의 밝은 미래를 위해 담당하고 있는 경리사무에 최선을 다하고 있습니다.'

이 두 가지의 자기소개를 비교해 볼 때 어느 쪽이 더 매력적인 사람이라고 느껴지는가? 같은 업무를 담당해도 말하는 방법에 따라서 상대방에게 주는 인상은 상당히 다르다.

말에는 신기한 힘이 있다. 말이 입에서 나오면 그 말대로 되는 것이다. 후자의 경우와 같이 자기소개를 할 때 긍정적이고 의욕적으로 말을 하게 되면 그 사람의 사고방식도 그렇게 바뀌게 된다.

"앞으로 경리사무를 담당하면서 배운 지식들을 통해 우리 회사뿐만 아니라 경리사무 때문에 힘들어 하시는 분들을 도와드리고 싶습니다. 또한 많은 분들이 웃으며 일할 수 있는 환경을 만들어 가고 싶습니다."

이렇게 자기소개를 하는 사이에 그 사람은 자신의 꿈에 한 발 한 발 다가가게 된다.

자신이 되고 싶은 모습을 그저 막연하게 생각만 하고 있으면 그것을 실현할 수 있는 좋은 방법들이 잘 떠오르지 않는다. 하지만 그것을 말로 표현하면 할수록 자신의 꿈이나 이상이 명확해진다. 그리고 그것을 실현하기 위해 가장 먼저 해야 할 것이 무엇인지 구체적으로 생각할 수 있게 된다. 그렇게 한다면 자신의 꿈이나 이상에 한 발 한 발 다가가게 되고 마침내 그것을 실현하게 될 것이다.

자, 지금부터가 시작이다. 자신이 가지고 있는 보물을 찾아내 그것을 세련되게 다듬으면서 자신의 가능성을 점점 더 키워 나가자. 자신이 제공할 수 있는 멋진 것들을 자기소개라는 수단을 통해서 많은 사람들과 나눈다면 풍요로운 인생이 찾아올 것이다.

03

자기소개로
인생이 바뀐 사람들

➡ 단 한 줄의 자기소개가 지금의 나를 만들었다

필자는 한 번의 성공적인 자기소개를 통해 인생을 극적으로 변화시켰다. 필자는 학창 시절에 다른 사람들과의 대화를 잘 이끌어 가지 못했고, 그것은 열등감으로 남아 있었다. 그런 내 자신이 너무나도 싫었고, 내 인생을 바꾸고 싶다는 생각을 줄곧 해 왔었다. 대학교 입학 후에 나는 그 생각을 실현하기 위해서 심리학 세미나 등 여러 세미나를 찾아다녔고, 사회생활을 하면서도 시간을 투자해 자주 세미나에 참석했었다.

어느 세미나에 참석했을 때의 일이다. 세미나가 끝난 뒤 설문 조사에 응하게 되었다. 설문지에는 '특기나 잘하는 것이 있으면 써 주십시오'라는 칸이 있었는데, 거기에 '대학에서 프레젠테이션을 잘하는 방법을 가르치고 있습니다'라고 썼다. 그

당시 어떤 대학에서 시간 강사로 '프레젠테이션 연습'이라는 과목을 가르치고 있었다.

세미나가 끝난 후 참석한 사람들과의 모임에서 강사가 말을 걸어왔다.

"다나카 씨군요? 설문 조사 자료에서 보았습니다. 프레젠테이션 잘하는 방법을 가르치신다고요. 저도 좀 가르쳐 주셨으면 합니다. 프레젠테이션을 잘 못해서 어려운 면이 좀 있네요."

나는 그가 그런 부탁을 할 줄은 꿈에도 생각지 못했다.

"아닙니다. 이미 사회생활을 하고 계신 분을 제가 가르치다니오. 그리고 강의 내용도 별다를 것이 없습니다."

"그래도 그렇게 말씀하지 마시고 한 번만이라도 부탁드립니다. 저만 강의를 듣는 것도 좀 아까우니 수강생을 10명 정도 모아 보겠습니다. 장소도 제가 준비할 테니 다시 한 번 생각해 주십시오."

이렇게 시작된 나의 프레젠테이션 세미나는 160회 이상 개최되었다.

'학생이라면 이해하겠지만, 사회생활을 하는 사람들 중에 내 세미나를 들으려고 하는 사람이 과연 있을까?' 이렇게 반신반의하면서 세미나를 시작했다. 그런데 내가 예상한 것보다 훨씬 많은 수강생들이 모였으며, 그들의 반응도 정말 좋았다.

그 세미나에 참석했던 한 사람이 다음 세미나 이후 주최자가 되어 계속해서 세미나를 열게 되었다. 그 뒤로 기업체 연수나 강연 의뢰 등이 들어왔으며, 전국 각지에서 세미나 개최 문의가 빗발쳤다. 덕분에 나는 재수학원 강사를 그만두고 프레젠테이션과 교수법을 전문으로 하는 컨설턴트로 독립하게 되었다.

설문 조사지에 프레젠테이션을 가르치고 있다고 썼던 이유가 있었다. 설문 조사에 응하기 얼마 전에 내 직함을 바꿨기 때문이었다.

직함을 바꾸기 전에는 다른 사람이 나에 대해 물어보면 "그냥 학원 강사예요"라고 멋쩍어 하며 대답했었다. 당시 나는 일본어 과목 중에서 현대문現代文, 오늘날 사용하고 있는 언어로 쓴 글을 가르치는 강사로, 대학 합격은 물론이고 평생 도움이 되는 일본어 실력을 갖추게 하는 것을 목표로 열정적으로 학생들을 가르치고 있었다.

내 수업은 학생들이 자유롭게 자리를 선택해 앉을 수 있는 수업이었는데도 맨 앞자리를 놓치지 않기 위해서 일찍 와서 열심히 수업을 듣는 학생들도 있었다. 그런가하면 고등학교 3학년 때 수험 공부를 시작했음에도 불구하고 단 3개월 만에 전국 시험에서 일본어 과목 등급이 배로 올라간 학생도 있었다. 또한 학원 내에서 상사나 선배 강사들과의 사이도 좋았고,

스스로도 그 일이 천직이 아닐까 생각하고 있었다.

그럼에도 불구하고 '그냥 학원 강사'라고 말했던 것은 마음 한구석에 내 자신이 초라해 보인다는 생각이 있었기 때문이다. 그리고 그런 생각이 나의 성장을 가로막았다. 물론 재수학원 강사도 평생 동안 열심히 일할 가치가 있는 훌륭한 직업이다. 긍지와 열정을 갖고 학생들을 열심히 가르치시는 훌륭한 선생님들도 많다. 하지만 당시에 나는 대일 전국 각지를 다녔고 잘 시간도 모자랐기 때문에 늘 피곤했고 지쳐 있었다.

나는 '인생에서 입시 공부보다 더 중요한 것이 있다는 것을 전하고 싶다'는 마음을 항상 갖고 있었다. 학원 강사를 하는 동안 때때로 '평생 이 일을 해야 하는가?'라는 의문이 들었고, 이에 그렇게 살기 싫다는 생각을 하기도 했다.

이런 내게 어떤 선생님께서 다음과 같은 말씀을 해 주셨다.

"자신의 직함은 자기의 이미지를 나타나는 겁니다. 다나카 선생님은 지금 자신의 직함에 자기 자신을 옭아매고 있는 것은 아닌가요?"

그분의 말씀을 듣고 정말 그럴지도 모른다는 생각을 하게 되었다. 나는 재미삼아 여러 직함들을 만들어 보았다. 머릿속에 스쳐 지나가는 재미있을 것 같은 단어들을 나열하고 또 바꾸어 가면서 이들을 조합해 보았다. 조합된 단어들 중 정말 말이 안 되는 것들도 많았다. 그 조합된 단어들 중 한 가지만

소개해 보겠다.

'슈퍼 카리스마 교수·연예인'

지금은 이렇게 소개하지만, 당시에는 너무 유치하고 창피해서 사람들에게 이야기도 꺼내지 못했다. 우스갯소리 같은 말이지만 마음속으로 '나는 슈퍼 카리스마 교수·연예인이다!'라고 계속해서 외치다 보니 나와 아주 잘 맞는 말처럼 생각되었다. 마치 새로 산 구두가 계속 신고 다니다 보니 어느덧 발에 잘 맞는 구두로 변한 느낌이었다.

이후 내 스스로 나는 슈퍼 카리스마 교수·연예인이기 때문에 학원 강사와 관련되지 않은 일을 해도 괜찮다는 생각을 하게 되었다. 당시 내가 학원 강사이기 때문에 그것과 관련 없는 일을 해서는 안 된다는 생각을 무의식중에 하고 있었다. 하지만 그런 생각이 학원 강사라는 범주 속에 나를 가두고 있었던 것이다.

가볍게 만들어 본 내 직함 덕분에 내가 생각해 왔던 고정된 이미지를 바꿀 수 있었다. 앞서 얘기한 설문 조사의 응답도 학원 강사가 아닌 '프레젠테이션을 가르치고 있다'라고 쓸 수 있었다. 그 한 줄의 응답으로 프레젠테이션 세미나를 열게 되었고 그것을 통해 많은 분들에게 기쁨을 줄 수 있었다.

동시에 내 자신도 점차 바뀌어 갔다. 대화의 기술을 가르치면서 더 많은 사람들에게 '배움과 성장의 기쁨을 전달하고 싶

다'는 마음을 갖게 되었다. 그것을 실천하기 위해 새로운 나로 만들어 준 학원 강사의 길을 접고 자기소개 비법과 프레젠테이션 기법, 교수법 등을 가르치는 컨설턴트로 나를 변화시켰다. 이것은 또 다른 시작이 되었다.

➡ 디자이너에서 크리에이터로

자기소개를 바꾸면 자신이 생각하는 자신의 이미지도 바뀌게 된다. 즉 머릿속의 사고가 완전히 달라지는 것이다.

필자가 주최하는 '최고의 자기소개를 하자!'라는 세미나에 참석한 수강생의 사례를 소개해 보도록 하겠다. 그 수강생은 프리랜서로 잡지와 광고 디자이너 일을 하고 있는 20대 여성이었다. 세미나가 끝난 뒤 친목 모임을 갖고 있었는데, 그 여성도 그 모임에 참석하게 되었다.

"알았어요!"

그녀의 얼굴에는 웃음이 가득했다. 아직 그녀의 상황을 파악하지 못한 내게 그녀가 먼저 말했다.

"저는 프리랜서 디자이너로 디자인과 관련된 일을 하고 있어요. 디자인을 하는 것만으로는 생활이 어려워서 다른 디자인 사무소의 도급 업무를 맡아서 하거나 디자인 이외의 다른 일을 겸하고 있죠."

나는 그녀가 잡지에 삽화로 들어가는 일러스트를 그리거나 간단한 촬영용 그림을 그리는 것 같다고 생각했다.

"왠지 제가 돈을 위해 일을 하고 있는 것 같아서 정말 비참했어요. 그런데 오늘 자기소개 세미나를 들으면서 '디자인을 통해 고객의 생각을 실제 모습으로 만들고 모두에게 희망과 감동을 주는 슈퍼 크리에이터입니다'라는 새로운 자기소개가 생각났어요. 세미나 덕분에 제가 사람들에게 주고 싶은 것이 희망과 감동이었다는 것을 알게 됐어요!"

그녀는 너무나 기쁜 나머지 눈물까지 흘리고 있었다.

"슈퍼 크리에이터이기 때문에 디자인에 너무 얽매이지 않아도 되는 거죠. 디자인은 여러 수단 중 하나이기 때문에 여러 가지 일을 해도 된다는 생각이 들었어요. 일러스트나 간단한 그림을 그리는 일도 그중 하나라고 생각하면 되는 거였어요. 제가 진정으로 하고 싶은 일은 사람들에게 희망과 감동을 주는 것임을 새삼 깨달았어요. 제가 하고 싶은 일을 하기 위해서라면 규모에 관계없이 어떤 일이라도 할 수 있는데, 그런 사실을 제 스스로 부정해 왔던 거예요."

그녀는 '디자인이라는 일 자체가 내가 하고 싶은 일이 아니다. 많은 사람들에게 희망과 감동을 주는 것이 내가 하고 싶은 일이다'라는 자신의 진심을 깨닫게 된 것이다.

그 이후로 그녀는 전과 같은 일을 해도 전혀 다른 보람을 느끼게 되었고, 맡은 일들을 활기차게 하다 보니 모든 일들이

질적인 면에서 아주 많이 향상되었다고 한다. 그 결과 거래처들로부터 디자인 관련 일을 끊임없이 의뢰받게 되었으며, 그녀를 전적으로 신뢰하게 된 어느 회사는 큰 규모의 일들을 계속해서 맡기고 있다고 한다.

➡ 목표를 잃어버렸던 젊은이의 이야기

강의를 했었던 대학의 한 학생이 졸업 후에 찾아와 상담을 받은 적이 있었다. 그 학생은 대학 유도부 소속으로 재능을 갖춘 노력파였다. 그는 대학 시절에 국제 대회에서 금메달을 딴 것을 비롯해 여러 대회에서 우수한 성적을 거두었다. 실력을 인정받은 그는 졸업 후 어떤 기업의 후원으로 프로 선수가 되었고 올림픽을 목표로 선수 생활을 계속하게 되었다.

당시 진심으로 그가 잘되기를 바랐다. 그런데 대학을 졸업하고 프로 선수로 활동하기 시작한 지 몇 개월 뒤에 그는 수심이 가득한 얼굴로 찾아왔다.

"오랜만이네! 잘 지내고 있는 거지?

"안녕하세요. 네……. 뭐……. 그렇죠.'

"왜 그래? 무슨 고민이라도 있는 건가?"

"아, 아니오……. 저……."

그 학생은 머뭇거리다 말을 시작하게 되었다.

"저는 매일 아침부터 밤까지 유도만 하고 있는데 이런 인생도 괜찮은 걸까요?

"올림픽에 출전해서 금메달을 따는 것이 너의 꿈 아니었니? 매일 좋아하는 유도를 할 수 있는데 뭐가 문제야?"

"대학 친구들은 취직해서 열심히 일하고 있어요. 그런데 저는 후원사로부터 돈을 받으면서 제가 좋아하는 유도만 하고 있습니다. 이것이 '이 세상에 조금이라도 도움되는 일인가?'라는 생각이 들어서요."

그동안 생각이 많았던 듯, 어두운 얼굴로 앉아 있는 그는 힘차게 유도를 할 때와는 전혀 다른 사람처럼 보였다. 축 처진 그의 어깨를 두드려 주었다.

"자넨 그냥 유도만 하는 것이 아니라네. 유도를 통해서 모든 사람들에게 아주 소중한 것들을 주고 있다네. 그게 무엇일 것 같나?"

"네?"

"자네가 유도를 통해서 주고 있는 것, 그것은 바로 '용기'와 '희망'이 아니겠는가?"

그의 표정이 한순간에 밝아졌다.

"그럴까요?"

"당연하지. 자, 이제 알겠나?"

"저도 정말 세상에 도움이 되고 있는 거죠?"

"물론이지. 자네가 올림픽에 출전해서 금메달을 딴다면 아

상대방을 확 사로잡는 자기소개의 규칙

이들부터 어른들까지 다들 얼마나 기뻐하겠는가. 자네를 통해서 얼마나 많은 사람들이 힘을 얻는지 생각해 보게. 그런 일은 누구나 할 수 있는 것이 아니라네."

"그런가요? 많은 사람들이 유도를 하는 제 모습을 보면서 힘차게 지낼 수 있다면 좋겠습니다. 교수님, 저 지금보다 더 열심히 해야겠다는 의욕이 생겨요!"

현재는 올림픽에서 금메달을 목표로 맹연습을 하고 있다. 그 후로 그는 유도를 통해서 우리 모두에게 용기와 희망을 주었다.

지금까지 이야기한 사례들을 듣고 어떠한 생각을 하게 되었는가? 자신을 어떻게 생각하느냐에 따라 자신이 하고 있는 일의 의미도 완전히 달라진다. 이렇게 자신의 인생을 다르게 보자는 생각에서부터 출발하여 자기소개를 완전히 바꿔 보는 것이 필요하다.

이제부터 이야기할 내용들은 결코 어려운 것이 아니다. 다양한 직업을 가진 사람들의 사례를 통해 직접 실천할 수 있는 자기소개 방법들을 소개하고자 한다. 그 방법들은 간단하다. 앞으로 설명하는 공식과 기본 형식에 맞추기만 하면 된다. 그 방법들을 충실히 따라 한다면 간결하면서도 효과적으로 자신을 소개할 수 있는 자기소개를 준비할 수 있다. 그리고 그 자기소개는 분명 처음 만나는 사람의 마음을 사로잡을 수 있게 도와줄 것이다.

심도 있는 자기소개는 우리의 인생을 그동안 생각하지 못했던 방향으로 변화시킨다. 5년 전, 더 거슬러 올라가 10년 전의 내가 지금의 나를 본다면 아마 믿지 못할 것이다. 내가 상상도 하지 못할 만큼 달라졌기 때문이다.

이것은 누구에게나 일어날 수 있는 일이다. 물론 당신도 예외가 아니다. 자기소개가 바뀌면 자신에 대해서 갖게 되는 생각도 즐겁고 넉넉하게 바뀌게 된다. 이렇게 된다면 일이든 자신의 인생에 관한 것이든 모두가 바람직한 방향으로 흘러가게 마련이다.

우선 그 첫발을 떼어보자. 구체적인 방법은 다음 장에서부터 소개하도록 하겠다.

역발상법으로 아이디어를 만들어라

인간은 싫어하거나 도망치고 싶은 일을 기뻐하거나 바라는 일보다 더 강하게 느끼게 된다. 이와 같은 성질을 잘 이용해서 다음의 '워크시트Worksheet'로 자기소개의 수준을 한 단계 더 높여 보자.

워크시트의 작성법은 간단하다. 우선 읶크시트 왼쪽에 '자신이라면 듣고 싶지 않은 자기소개'의 특징을 쓴다. 그다음 그것을 '자신이라면 재미있게 들을 수 있는 자기소개'로 바꾸어 오른쪽에 쓴다. 듣고 싶지 않은 자기소개만 계속 써 내려간다면 기분이 좋지 않기 때문에 왼쪽에 하나를 쓰면 그것을 바로 오른쪽에 긍정적인 것으로 바꾸어 쓰는 것이 좋다.

자기소개를 듣는 사람의 입장에서 생각하면서 '자신이라면 재미있게 들을 수 있는 자기소개'를 구체화시켜 보자. 이렇게 구체화시킨 내용들을 자기소개를 할 떠 실천한다면 듣는 사람들의 관심을 이끌어 낼 수 있을 것이다.

이 방법의 가장 큰 주안점은 워크시트의 오른쪽 부분에 구체적인 내용을 써넣는 것에 있다. 오른쪽의 '바람직한 자기소개' 부분에는 가능한 한 구체적이고 현실적인 내용들을 써야 한다. 또한 이 방법을 친구나 동료들과 함께 해 본다면 더욱 효과적이다.

상대방을 확 사로잡는 자기소개의 규칙

POINT 'Mini Work 1'에서 설명을 읽은 뒤, 아래의 질문을 보면서 '바람직한 자기소개'란 무엇인지 써 보자.

➡ 당신이 자기소개를 해야 하는 어떤 한 상황을 정하라.

➡ 듣는 사람의 특징(연령, 성별, 직업 등)을 써브라.

바람직하지 않은 자기소개란?	바람직한 자기소개란?
★ 일방적으로 자기 이야기만 한다.	★ 자기소개를 듣는 사람이 재미있어 할 만한 이야기들을 한다.
★ 표정이 굳어 있어서 무섭다고 느끼게 한다.	★ 친절하게 웃는 얼굴로 자기소개를 한다.
★ 말이 너무 빨라서 이해하기 어렵다.	★ 천천히 간격을 두면서 알아듣기 쉽게 이야기한다.
★ 어려운 말이나 전문 용어들이 많아서 들어도 무슨 말인지 잘 모르겠다.	★ 어려운 말이나 전문 용어가 있으면 누구나 알아듣기 쉬운 말로 풀어서 설명한다.

오른쪽에 쓴 긍정적인 내용에 우선순위를 정하고 어느 것을 실행할 것인지 정하도록 하자. 한꺼번에 도든 것을 실행하려고 하면 오히려 아무것도 실행하지 못할 수 있다. 따라서 우선순위를 정하고 가장 중요하다고 생각되는 것을 먼저 실행해 보자.

➡ 우선순위에서 1순위인 것은 어느 것인가?

➡ 고른 것을 실행하기 위해서 오늘부터 할 수 있는 것은 무엇인가?

보는 방법을 바꾸면 인생도 바뀐다

어떤 계기들을 통해서 자신의 일에 대한 '의미'가 크게 바뀔 수 있는지 그 실례를 들어가며 이야기해 보도록 하겠다.

첫 번째 이야기는 세미나 강의를 들었던 수강생에 관한 것으로, 그는 제약회사에서 영업 일을 담당하고 있었다. 그는 일 때문에 매일 동분서주했으며, 자신이 무엇 때문에 이렇게까지 일을 해야 하는지 모르겠다고 생각했던 사람이다.

어느 날 어떤 병원에서 특수한 약이 대량으로 필요하다고 하여 급하게 전달해 줘야 하는 상황이 발생했다. 생명이 위급해 촌각을 다투는 상황에서 그는 필사적으로 지혜를 짜냈다. 그래서 자신이 납품하고 있는 여러 병원들과 전국 각지에 퍼져 있는 영업소의 동료들에게 급히 연락을 돌렸다. 그렇게 애쓴 덕분에 그는 부하 직원과 함께 필요한 양의 약을 모아 그 병원에 전달해 줄수 있었다.

이번 경험을 통해서 그는 자신이 단순히 영업 일만 하는 것이 아니라 환자의 목숨을 구하는 데 일조하고 있다는 것을 깨닫게 되었다. 그는 자신의 직함을 '영업 사원'에서 '생명의 후원자'로 바꾸었다. 직함을 바꾸고 난 후 그는 '하는 일은 같아도 일을 대하는 자세나 보람이 크게 달라졌다'며 기쁨에 가득 찬 얼굴로 말했다.

두 번째 이야기는 기계를 만드는 대기업에 입사한 뒤, 엔진 설계 업무를 담당해 온 친구의 이야기다. 처음에는 재미있다고 생각했던 일이었지만 내구성을 갖춘 저비용의 엔진을 만들어야 한다는 계속적인 회사의 강압으로 인해 결국 그는 그 일에 흥미를 잃게 되었다.

이런 와중에 그에게 아이가 생겼다. 그는 '내 아이가 앞으로 어떤 환경에서 살아갈까?'라는 생각을 하게 되었다. 그 뒤, 지구 환경에 대해 전보다 더 진지하게 생각하게 되었다.

'내 일은 단순히 엔진을 설계하는 것만이 아니다. 친환경적인 엔진을 만듦으로써 하나뿐인 지구를 지키는 것이 내 일이다!'

그가 자녀를 낳고 키우게 되면서 그의 머릿속에서 자신의 일에 대한 의미가 크게 바뀐 것이다.

자신을 표현하는 말을 바꾸면 자기가 생각하는 자신의 이미지를 변화시킬 수 있으며, 이에 따라 인생을 살아가는 방법도 크게 변할 수 있다. 당신은 자기 자신을 어떻게 표현하고 있는가? 당신의 장점을 긍정적인 말로 표현하길 바란다.

누구나 놓치기 쉬운
자기소개의 핵심

2

자기소개에서 가장 중요한 것 ←

더 알고 싶게 만드는 자기소개 방법의 세 가지 핵심 ←

HOW TO INTRODUCE YOURSELF

01

자기소개에서
가장 중요한 것

➡ 상대방은 영업의 대상자가 아니다

필자는 지금까지 많은 사람들의 자기소개를 들어 왔으며
그 과정에서 중요한 '어떤 것'을 깨닫게 되었다. 그것은 자기소
개를 할 때 '나를 세일즈Sales해야 한다'고 생각하는 사람이
의외로 많다는 것이다.

좀 더 냉철하게 생각해 보자. 당신을 상대로 무엇인가를 팔
려고 하는 사람을 좋아할 수 있는가? 신뢰 관계가 만들어지
지 않았음에도 불구하고 자신에게 무엇인가를 팔려고 하는
사람이 있다면 당장 거부감이 들 것이다. 상대방이 무엇인가
를 팔기 위해 나를 설득하려 할수록 오히려 더 저항하고 싶어
진다.

나그네가 입고 있는 외투를 북풍과 태양이 벗기려고 하는

이솝 우화 「북풍과 태양」 이야기도 이와 마찬가지다. 북풍이 세찬 바람으로 나그네의 외투를 벗기려고 하면 할수록 나그네는 외투가 날아가지 않도록 저항했다. 반면에 태양이 나그네에게 따뜻한 햇살을 비추자 나그네는 직접 외투를 벗었다.

자기소개도 이와 같다. 자신을 팔기 위해 어떻게든 상대방을 설득하려고 하는 것은 '북풍'의 경우와 같다. 그렇다면 '태양'의 경우와 같은 자기소개를 하려면 어떻게 해야 할까?

➡ 선물을 고를 좋은 시기

나는 술을 매우 좋아하지만 단맛이 강한 과자는 별로 좋아하지 않는다. 그래서 술을 선물 받는 것은 정말 좋지만, 단것을 받으면 '이것이 술이라면 얼마나 좋을까'라는 생각을 하게 된다. 비록 술과 과자는 아니지만 자신의 취향에 따른 이와 비슷한 경험을 누구나 해 봤을 것이다.

누구든지 선물을 할 때는 '이런 것은 필요 없습니다' 또는 '사실 받아도 처치 곤란입니다'라고 생각되는 것보다 상대방이 정말 원했던 것이라고 감사를 표하며 기쁘게 받을 수 있는 선물을 하길 원한다. 하지만 자기소개에서는 이런 점을 놓치기 쉽다. 자기소개도 '자신이 전하고 싶은 메시지'를 상대방이 받아들이지 않으면 아무런 의미가 없다.

기업 연수나 세미나에서 프레젠테이션과 관련된 강의를 할

 상대방을 확 사로잡는 자기소개의 규칙

때마다, 나는 수많은 참석자들에게 프레젠테이션은 상대방에게 '선물을 하는 것'이라고 강조한다. 마찬가지로 자기소개도 내가 상대방에게 주는 선물과 같다. 태양이 나그네에게 따뜻한 햇살을 비추어 자신이 직접 외투를 벗게 한 것처럼, 상대방 스스로가 '더 듣고 싶다'고 생각하게 할 만큼의 매력적인 자기소개를 하면 된다. 그렇게만 한다면 내가 굳이 설득하려고 하지 않아도 상대방은 내 이야기를 기쁘게 들어 줄 것이다.

➡ 상대방이 바라는 것을 주면 된다

'어떤 이야기를 하면 좋을까'라는 생각은 '어떤 것을 선물하면 좋을까'라는 생각과 같다. 자기가 선물하고 싶은 것을 강제로 선물한다고 해도 상대방이 기뻐할 것이라고 장담할 수 없다. 그렇다면 무엇을 선물해야만 상대방이 기뻐할까?

답은 간단하다. '상대방이 바라는 것'을 선물하면 된다. 자기소개도 마찬가지다. 상대방이 바라는 것, 즉 내가 상대방이 듣고 싶은 이야기를 한다면 그는 아주 진지하게 들어 줄 것이다. 반대로 상대방에게 필요 없는 이야기를 내가 아무리 친절하게 말한다고 해도 그는 흘려듣거나 또는 곧바로 잊어버릴 것이다.

앞선 1장에서의 예들을 다시 생각해 보자. 예 1에서 평범남 씨는 혈액형이나 별자리와 같은 표면적인 개인 정보를 그저 나열하기만 했다. 예 2에서 강한녀 씨의 자기소개는 상품 홍보가 되어 버렸다. 예 3에서 딴소리남 씨는 학원 강사 면접 자리인데 빵집 이야기만 했다. 결국 이 세 명 모두 상대방의 신뢰를 얻는 데 실패했다. 그들의 자기소개가 '그 장소에서' '무엇을' '어떻게 이야기하는가'라는 핵심에서 벗어나 있기 때문이다. 쉽게 말하자면 상대방이 듣고 싶은 이야기가 아니었던 것이다.

만약 상대방이 점을 좋아하는 사람이라면 평범남 씨의 이야기를 흥미롭게 들었을지도 모른다. 강한녀 씨의 상품을 설명하는 자기소개는 경리사무용 소프트웨어를 찾고 있던 기업이라면 관심을 보일 만했으며, 딴소리남 씨의 이야기는 면접관이 아닌 빵을 좋아하는 사람들이었다면 모두가 흥미진진하게 들었을 것이다.

필자가 강의하는 세미나에서 수강생들이 다음과 같은 질문을 자주 한다.

"어떻게 하면 상대방이 제 이야기를 듣게 만들 수 있을까요?"

"어떻게 하면 상대방에게 제 마음을 전할 수 있을까요?"

이 질문들은 그 방향이 조금씩 빗나가 있다. 생각을 조금만 바꾸어 볼 필요가 있다. 상대방이 듣고 싶은 이야기를 하는

것이 좋은 자기소개의 대전제이기 때문에 상대방의 입장에서 생각해 보는 것이 가장 중요하다.

"어떻게 하면 상대방이 듣고 싶은 것을 알 수 있을까요?"

"상대방이 무엇에 관심이 있는지 알기 위해서 어떻게 하면 좋을까요?"

이것들이 확실해진 뒤에는 '상대방이 잘 들을 수 있도록 하기 위해 나는 무엇을 하면 좋을까'를 생각해 봐야 한다.

➡ 상대방이 좋아하는 것을 찾아라

앞선 예들 중 딴소리남 씨의 자기소개_{예 3}를 다시 생각해 보자. 딴소리남 씨는 학원 강사 아르바이트 면접에서 자기소개를 하고 있으며, 상대방인 면접관은 그 학원의 인사 담당자이거나 경영자일 것이다.

딴소리남 씨의 자기소개를 들어야 하는 면접관은 어떤 이야기를 듣고 싶어 할까? 물론 학원 강사 경험이나 전공과목, 가르치는 것에 대한 열정 등 학원 강사와 관련된 항목이 최우선일 것이다. 이처럼 자기소개를 하는 장소나 목적 등을 통해서 '상대방이 듣고 싶어 하는 것'을 확실히 알 수도 있다.

물론 상대방이 듣고 싶어 하는 것을 확실히 모르는 경우도 많다. 이럴 때는 대화를 해 나가면서 상대방의 취미나 관심을 묻다 보면 자연히 알 수 있다자세한 설명은 95쪽을 참고. 결국 중요한 것은 '상대방의 입장이 되어서 생각하는 것'이다. 그래야만 상대방이 관심 있어 하는 이야기가 무엇인지 알 수 있다.

자기소개를 해도 상대방의 반응이 좋지 않을 경우, 대부분의 원인은 '자신이 말하고 싶은 것'만 말하고 있기 때문이다. 냉정하게 다시 생각해 보면 상대방이 바라는 정보를 자신이 갖고 있으면서도 그 상황에 맞지 않는 말들만 늘어놓았음을 알 수 있을 것이다. 애초에 갖고 있지 않았다면 포기하면 된다. 그러나 충분한 능력이나 정보를 갖고 있음에도 그것을 전달하지 못했다면 절호의 기회를 놓친 셈이다.

자기소개에서 중요한 핵심을 간략하게 정리하면 다음과 같다.

• 상대방이 바라는 것을 이야기하자.
• 상대방이 무엇을 바라고 있는지 상대방의 입장이 되어 생각해 보자.

자기소개가 상대방에게 보내는 '선물'이라고 생각한다면, 우선은 '내가 무엇을 제공할 수 있을까'를 생각할 필요가 있다. 어떤 대단한 것을 제공할 필요는 없다. 아무리 사소한 것이라고 해도 괜찮다. 나는 무엇을 제공할 수 있을까를 생각하면서 자기 안에 있는 것들을 꺼내야 한다.

자기소개의 방법들을 익히면서 자신이 지니고 있는 장점들과 좋은 정보들을 많이 발견해야 한다. 그리고 그것들을 많은 사람들과 나눌 때, 지금보다 훨씬 더 폭넓은 인간관계를 누릴 수 있을 것이다.

02

더 알고 싶게 만드는
자기소개 방법의 세 가지 핵심

➡ 핵심은 세 가지뿐이다

자기소개에서 중요한 핵심은 딱 세 가지다. 그것은 바로 '무엇을 위하는가?' '무엇을 말하는가?' '어떻게 전하는가?'이다. 이 세 가지는 자기소개에서 가장 중요하기 때문에 우선 확실하게 알고 있어야 한다.

첫 번째 핵심인 '무엇을 위하는가?'는 성공적인 자기소개를 통해 우리가 얻고자 하는 것이다. 자기소개는 어디까지나 수단이자 통과하는 지점에 불과하다. 자기소개 그 자체로는 최종 목적이 아니다. 자기소개의 가장 큰 목적은 상대방이 '내 이름을 확실히 기억하게 하는 것'과 그의 '신뢰를 얻는 것' 그리고 '나중에 나를 기억할 수 있게 하는 것'이다.

두 번째 핵심은 '무엇을 말하는가?'이다. 프레젠테이션을 하

는 것과 마찬가지로 '상대방이 좋아할 것'을 이야기하는 것이 가장 큰 원칙이다.

세 번째는 '어떻게 전하는가?'이다. 말하는 내용의 순서나 전체적인 시간 배분을 생각하는 것이 필요하다. 말하는 순서에 따라서 상대방이 이해하기 쉬워질 수도 있고 어려워질 수도 있다. 또한 말을 처음부터 끝까지 균일하게 하는 것보다 강조점을 두고 말하는 것이 듣는 사람에게 깊은 인상을 심어줄 수 있다.

이제 자기소개의 세 가지 목적을 각각 자세하게 살펴보자.

자기소개의 목적 1   이름을 확실히 기억하게 하자

자기소개의 최종 목적은 '좋은 관계를 맺는 것' '신뢰 관계를 구축하는 것' 등 여러 가지가 있겠지만, 그전에 더 중요한 것이 있다. 그것은 '내 이름을 기억하게 하는 것'이다. 이것은 중요한 것임에도 불구하고 대부분의 사람들이 놓치고 지나간다. 자신의 이름을 상대방에게 알리는 것만으로는 충분하지 않다. 상대방이 당신의 이름을 기억하지 못한다면 의미가 없는 것이다.

필자의 자기소개를 예로 들어 설명해 보고자 한다.

여러분, 안녕하십니까. 저는 '다·나·카, 쇼·죠'라고 합니다. 한자로 제 성은 밭 가운데, 즉 밭 전田 자와 가운데 중中 자를 써서 다나카 田中이며, 이름은 외무성이나 재무성을 말할 때 쓰는 성省 자와 숫자 삼三 자를 써서 쇼죠省三라고 합니다.

화이트보드나 칠판이 있다면 아주 큰 글씨로 '田中 省三'라고 쓴다. 한 글자마다 천천히 그리고 확실히 발음하면서 다나카田中와 쇼죠省三의 사이, 즉 성과 이름 사이를 한 글자 정도가 들어가게 띄어 쓴다. 한자도 간단하게 설명한다. 이렇게 하면 그냥 '다나카 쇼죠입니다'라고 말하는 것보다 상대방이 내 이름을 훨씬 더 잘 기억하게 된다.

자신의 이름을 위와 같은 기본적인 형식으로 만들어 두면 자기소개를 할 때마다 그대로 사용할 수 있다. 이 책을 읽는 지금, 미루지 말고 기억에 남는 자기 이름 설명법을 만들어 보자.

자기소개의 목적 2   신뢰를 얻어라

일을 할 때 중요한 것이 여러 가지가 있겠지만, 그중의 한 가지가 상대방에게 '신뢰를 얻는 것'이다. 신뢰 관계가 만들어지지 않으면 좋은 일이란 생기지 않는다. 정된 시간 속에서도 상대방의 신뢰를 얻을 수 있을 만한 내용으로 엄선해서 말하도록 해야 한다.

자기소개의 목적 그 세 번째는 '만일의 경우에 기억나게 하는 것'이다. 처음 알게 된 상대방과 그대로 관계가 끝나버린다면 참으로 안타까울 것이다. 그 뒤의 만남이 진짜이기 때문이다.

한 번 만난 사람이 차후에 어떠한 일이 생겼을 때, '그러고 보니 이전에 이것에 대해 잘 아는 사람을 만났건 것 같은데'라며 당신을 기억해내고 다시 연락을 취하고자 당신의 명함을 찾아본다면 정말 기쁜 일이 될 것이다. 이렇게 되기 위해서는 자기소개를 할 때 자신이 무엇을 제공할 수 있다는 것을 확실히 이야기해야 한다. 그것은 나에 대한 정보로서 '이러한 일이면 도움이 돼 드리겠습니다' '이러한 고민이 있으시다면 제가 해결해 드릴 수 있습니다' 등이 그것이다. 자신이 잘하는 것이나 아주 좋아하는 일을 알리는 것만으로도 충분하다.

➡ 제공할 수 있는 것은 작은 것이 좋다

'제공할 수 있는 것'이라고 하니 어딘가 대단한 것 같지만, 주변에서 볼 수 있거나 실제 경험할 수 있는 아주 작은 일이나 사소한 것이 좋다. 대학에서 자기소개하는 방법을 강의했을 때, 당시 1학년 여학생이 이런 질문을 했었다.

"올해 열여덟 살인 저는 다른 사람에게 '제공할 수 있는 것'

이 아무것도 없습니다. 특기도 취미도 특별히 없는 그저 평범한 학생입니다. 제 경우는 어떻게 하면 좋죠?"

"그럼 제가 질문을 다시 해 보겠습니다. 학생은 학교에서 집으로 돌아갈 때라든지 쉬는 날에 친구들과 차를 마시러 가지 않습니까?"

"자주 마시러 갑니다."

"지금까지 갔었던 곳들 중에서 좋아하는 곳이 있습니까? 편안하게 쉴 수 있는 찻집이라든지 점심이 맛있는 식당이라든지?"

"있죠. 학교 앞에 있는 곳이라면 몇 군데 알고 있어요."

"그것 봐요. 그것이 '제공할 수 있는 것'이 아니겠어요?"

"네? 그런 것도 괜찮나요?"

그렇다. 학교 주변에서 갈 만한 곳을 찾고 있는 사람들 중에는 이 학생의 정보가 참으로 반가울 것이다. 이 학생의 경우 다음과 같이 자기소개를 할 수 있을 것이다.

안녕하세요. 가가와 메구미香川惠美라고 합니다. 제 성은 한자로 가가와香川 현과 같은 가가와香川이고, 이름은 은혜 혜惠 자와 아름다울 미美 자를 써서 메구미惠美입니다. 새로운 찻집이나 커피 전문점을 찾아다니는 것을 아주 좋아합니다. 특히 저희 학교 주변에 있는 가게들이라면 자주 다니기 때문에 그 근처에 좋은 곳을 알고 싶은

상대방을 확 사로잡는 자기소개의 규칙

분들은 말씀해 주세요.

자기소개라고는 해도 이름 말고 딱히 무엇을 이야기하면 좋을지 모르겠다는 사람이 의외로 많다. 그래서 자신의 혈액형이나 자신이 무슨 일을 하는지 등의 그런 흔한 이야기들을 말하면서 적당히 넘어가 버린다.

자기소개는 자신이 무엇을 제공할 수 있는가를 알리는 것이다. 자신이 제공할 수 있는 것을 떠올려 보자. 어떤 것이 떠오르는가? 지금 바로 떠오르지 않는다고 해도 괜찮다. 아주 사소한 것이라도 괜찮다. 내가 제공할 수 있는 것은 무엇인가? 라는 방향으로 자기소개의 내용을 생각하면 된다.

➡ 짧은 형식의 자기소개

내가 무엇을 제공할 수 있는가를 상대방에게 명확하게 알리기 위해서 다음과 같은 기본 형식을 사용하여 이야기해 보자.

- 저는 ○○○에 관해서라면 자세히 이야기할 수 있습니다.
- 저는 ○○○을(를) 잘 합니다/좋아합니다.
- ○○○(이)나 ○○○에 관해서 알고 싶으시다면 제가 도움이 될지도 모르겠습니다.

- ○○○(으)로 고민하시는 분들께 ○○○을(를) 도와드릴
  수 있습니다.

　자신이 제공할 수 있는 것이 떠오르지 않는 경우에는 자신
이 좋아하는 것을 이야기하는 것으로도 충분하다. 각자 자신
이 좋아하는 것들에 대해서는 잘 알고 있을 것이다. 자신이
좋아하는 것 중에서 상대방이 가장 관심을 가질 만한 것을
이야기해 보자. 상대방이 이야기에 관심을 보이면서 즐겁게
들을 것이다.
　왜냐하면 자신과 좋아하는 것이 비슷한 사람이 있다면 관
심을 가지고 유심히 듣게 되기 때문이다Mini Work 2를 참고. 이
러한 기본 형식은 자기소개에서 가장 기본이 되는 뼈대라고
할 수 있다. '○○○'에 해당하는 것은 사소한 것이어도 좋다.
　다음과 같이 예를 들어 설명해 보겠다.

　저는 지금까지 다섯 곳의 호프집에서 아르바이트를 했습니다. 그래
서 호프집 아르바이트에 관한 것이나 보통 사람들은 잘 모르는 호
프집의 여러 가지 뒷이야기들을 말씀드릴 수 있습니다.

　저에게는 열 살 차이가 나는 여동생이 있습니다. 지금까지 동생을
줄곧 돌봐왔기 때문에 어린아이를 돌보는 것이라면 잘할 수 있습니

다. 맡겨 주세요.

일러스트 그리는 것을 좋아합니다. 동아리에서 필요로 하는 전단지 등은 저도 만들 수 있으니, 혹 도움이 필요하시면 언제든지 편하게 말씀해 주세요.

1년 전부터 동네 청소를 하는 자원봉사를 하고 있습니다. 역 앞에 서 쓰레기를 줍는 것이 처음에는 창피했지만, 지금은 매일 하는 것 이 즐겁습니다. 자원봉사 활동에 관심이 있으신 분은 제게 물어봐 주세요.

파마 볼륨으로 고민하시는 분이 계신가요? 그런 분이 계신다면 간 단하게 바로 할 수 있는 효과적인 관리 방법을 알려 드리겠습니다.

위의 사례들처럼 확실하게 말한다면 내가 무엇을 제공할 수 있는 사람인지 상대방이 바로 알 수 있게 된다. 제공할 수 있는 것이 특정한 정보나 물건이 아니어도 괜찮다. 위에서 자 원봉사의 사례는 실제로 어떠한 일을 하고 있는지역 앞에서 쓰 레기 줍기 확실히 알 수 있기 때문에 관심이 있는 사람들은 더 욱 자세히 듣고 싶다고 생각하게 될 것이다. 그렇다면 이것만 으로도 제공할 수 있는 것이 될 수 있다.

➡ 처음에는 가능한 한 확실하게 말하라

'짧은 형식의 자기소개'는 말 그대로 핵심만 간결하게 전하는 자기소개 형식이다. 짧은 형식의 자기소개는 다음과 같다.

• 이름성과 이름 모두 + 자신이 제공할 수 있는 것간결하게 구성할 것

위의 형식으로 내용을 작성하되 가능하면 30초 정도로 짧게 정리하라. 다음의 '워크시트 2'를 활용하여 반드시 실제로 써 보자

'30초요? 그렇게 짧은 시간 안에는 말하고 싶은 이야기를 전부 못해요'라고 생각하지는 않는가? 물론 그럴 수도 있다. 하지만 당신이 상대방이라고 가정할 때, 처음 만난 사람이 자기 이야기를 오랫동안 계속한다면 대화가 재밌겠는가. 중요한 것은 상대방이 내 이야기를 더 듣고 싶게 만드는 것이다.

내 이야기를 더 듣고 싶다는 마음을 상대방이 갖게 되면 내가 자세한 이야기를 해도 그는 흥미롭다고 느끼게 된다. 상대방은 내가 말하는 이야기들을 알고 싶어 하기 때문이다. 반면 상대방에게 더 듣고자 하는 마음이 없다면 그는 내 이야기가 빨리 끝나기만을 바랄 것이다.

따라서 가장 먼저 알리고 싶은 것을 가능한 한 간결하게 이

POINT 짧은 형식의 자기소개는 '성(姓)과 이름(名) 모두 + 자신이 제공할 수 있는 것'을 간결하게 쓰면 된다.

아래 빈 칸에 생각하고 있는 것을 써 보자.

짧은 형식의 자기소개 작성 용지

1. 1. 자기 이름을 모두 쓰고 상대방이 자신의 이름을 기억하게 만드는 방법을 생각해 보자. (57쪽 참조)

2. 자신이 제공할 수 있는 것이나 좋아하는 것, 시간과 에너지를 쏟은 분야 등이 무엇이었는가? 작은 것이나 사소한 것도 좋다. 머리에 떠오르는 것들을 써 보자(61~62쪽 참고).

3. 쓴 것들 중 당신이 자기소개를 하는 장소에서 상대방이 가장 관심을 나타낼 만한 내용은 어느 것인가? 자기소개를 하는 장소를 하나 정하고, 그 장소에 알맞은 것을 골라 동그라미를 쳐 보자.

야기한 뒤에 상대방의 반응을 살펴야 한다. 그리고 상대방이 관심을 보인다면 그가 바라는 내용을 조금씩 추가하면서 이야기해 나가야 한다.

상대방이 바로 반응을 보여 주지 않아도 걱정할 필요는 없다. 당신이 제공할 수 있는 것에 관심이 있는 사람이라면 나중에 직접 말을 걸어 올 것이다.

➡ 자기소개는 영업과 다르다

자기소개를 할 때 신경을 써야 할 것은 무엇인가를 '제공한다'는 것과 제품을 홍보하는 것이 다르다는 것이다. 물론 비즈니스 관계에서의 자기소개라면 당신이 '제공하는 것'은 반드시 팔아야 하는 회사 제품에 대한 홍보가 될 수도 있다. 하지만 상대방이 자신을 상대로 영업을 하고 있다는 것을 알게 된다면 과연 그것을 좋아할 사람이 몇 명이나 될지 생각해 보라.

사람은 상대방이 자신에게 '무엇을 팔려고 한다'고 생각하는 순간, 마음을 닫고 상대방을 경계한다. 마음을 닫은 사람을 강제로 설득하려 한다면 아무런 소득도 없이 그의 기분만 상하게 할 뿐이다. 1장의 예 2에서 강한녀 씨가 바로 그런 경우다.

'제공'과 '영업'은 어떻게 다른가? 제공은 강요를 한다고 느끼게 하거나 강제적으로 설득하는 것이 아니라, 어떤 것을 제시하고 그것의 매력을 이야기할 뿐이다. 레스토랑의 경우 메뉴판으로 이러한 음식들이 있다고 손님들에게 소개할 뿐이다.

레스토랑의 지배인은 상대방인 손님이 메뉴를 결정하기 위해 던지는 질문에 대답만 할 뿐, 메뉴에 대한 최종 선택은 상대방에게 맡긴다.

앞서 살펴보았던 강한녀 씨의 자기소개에서 요점만 정리해 놓는다면 다음과 같다.

저는 현재 시중에서 판매되고 있는 범용 소프트웨어를 개발하고 있습니다. 최근까지 중소기업을 대상으로 하는 경리사무용 소프트웨어 개발 업무를 담당했습니다. 지금까지 제가 개발에 참여한 제품들이 갈수록 좋은 평가를 받고 있어서 더욱더 열심히 일하고 있습니다. 만일 경리사무와 관련해서 고민하시는 분이 계신다면 제가 할 수 있는 한 도와 드리겠습니다.

이러한 자기소개를 듣는 상대방은 거부감을 느끼지 못할 것이다. 왜냐하면 경리에 관심이 없는 사람이라도 제품을 팔려고 한다는 느낌이 들지 않기 때문이다. 상대방은 이 자기소개를 안심하고 들을 수 있다. 실제로 경리사무와 관련해서 고민하는 사람이 이 이야기를 들으면 관심이 생겨서 자신이 먼저 말을 걸 수도 있다.

이렇게 관심을 보이는 사람에게 고민하는 점이나 바라는 점예: 경리사무용 소프트웨어에 ○○이라는 기능이 있으면 좋겠는데……을 듣게 된다면 이것에 응하는 것만으로도 상대방은 고마워할 것이다.

자, 지금부터 당신의 자기소개 수준을 높여 보자.

다음 장에서는 자기소개를 다듬어 가기 위한 구체적인 방법들을 설명해 보겠다.

단번에 공감을 얻는 방법

자기소개를 할 때 상대방에게 공감을 얻는 것도 매우 중요하다. 왜냐하면 사람은 좋고 싫음에 따라 결정을 내리는 일이 아주 많기 때문이다.

내게 거부감을 가지고 있다면 아무리 열심히 이야기를 해도 상대방은 전혀 귀를 기울이지 않을 것이다. 공감을 얻는 것과 거부감을 갖게 하는 것은 큰 차이를 보인다. 이것은 자신이 상대방의 입장에서 생각해 보면 잘 알 수 있다. 자기가 싫어하는 사람이 말할 때는 그의 이야기에 귀를 기울이고 싶어하지 않는다.

따라서 자기소개는 일에 관한 이야기만 하는 것이 아니라 자신이 어떤 사람인지 알 수 있는 내용을 전달할 필요가 있다. 자신의 성격 등을 알릴 수 있는 '인간적인 면'을 이야기하면 상대방의 공감을 얻기 쉽다.

전문직 종사자라 대하기가 어려울 것 같은 사람이 아이들과 함께 공놀이를 즐기는 가정적인 사람이라는 사실을 알게 된다면, 왠지 모르게 그 사람과 가깝게 느껴진다. 즉 상대방에게 자신을 열어 보일 수 있는 자기소개를 반드시 익혀야 한다.

자신을 열어 보이는 일을 어렵게 생각할 필요는 없다. 우선 자신이 좋아하는 것을 이야기하는 것으로 시작하자. 좋아하는 음식이나 책, 음악, 영화 등 자신과 가까운 범위 내에서 상대방과 이야기를 나누다 보면 의외의 공통점이나 비슷한 점들을 발견할 수 있다. 처음 만난 사람이라도 그가 좋아하는 것이 나와 비슷하거나 같다면 내게 호감을 보일 것이고, 이때부터 화제가 넓어지면서 서로 공감하는 자세로 바뀔 것이다.

71쪽에 있는 '좋아하는 것들의 지도'에 자신이 가장 좋아하는 것들을 쓰고 서로 비슷한 점이나 공통점을 써 보자. 그 속에서 공통된 화제를 찾을 수 있으며 그로 말미암아 상대방에 대해 친근함을 느끼게 되면서 마음속 경계심도 점차 풀어질 것이다. 미처 생각지 못했던 점들도 많이 발견할 수 있기 때문에 재미있게 한번 해보길 바란다.

처음에는 아주 작은 공감으로도 충분하다. 나의 이야기에 상대방이 '그렇지'라는 생각을 하게 된다면 공감대가 형성되면서 서로를 더욱더 이해할 수 있게 된다.

처음부터 100퍼센트의 공감을 얻겠다는 것을 목표로 하지

말고 1퍼센트씩 차근차근 쌓아가도록 해 보자. 이것들은 어느 순간 큰 결과로 되돌아올 것이다.

좋아하는 것들의 지도 좋아하는 것을 써 보자

예 ; 필자의 경우

시바 료타로(司馬遼太郎)의 소설, 특히 『료마가 간다』

열심히 일을 한 뒤 시원한 맥주를 마실 때

초밥, 맥주, 쓴 일본 술

교수법 또는 프레젠테이션 기법을 가르치는 것

가마쿠라(鎌倉), 하코다테(函館), 교토(京都)

시마다 신스케(島田紳助, 일본 영화배우), 시마다 요시치(島田洋七, 일본 코미디언), 안토니오 이노키(猪木, 일본 전프로 레슬링 선수)

프로레슬링을 보는 것

만담 연구

- 8 가장 행복한 것은 무엇을 할 때인가?
- 7 잘하는 것이나 다른 사람에게 제공할 수 있는 것
- 6 좋아하는 거리 좋아하는 장소
- 내가 제일 좋아하는 것
- 5 좋아하는 사람 존경하는 사람
- 1 좋아하는 음식이나 음료
- 2 좋아하는 책, 영화, 음악
- 3 취미나 열중하는 것
- 4 어렸을 때 좋아했던 것

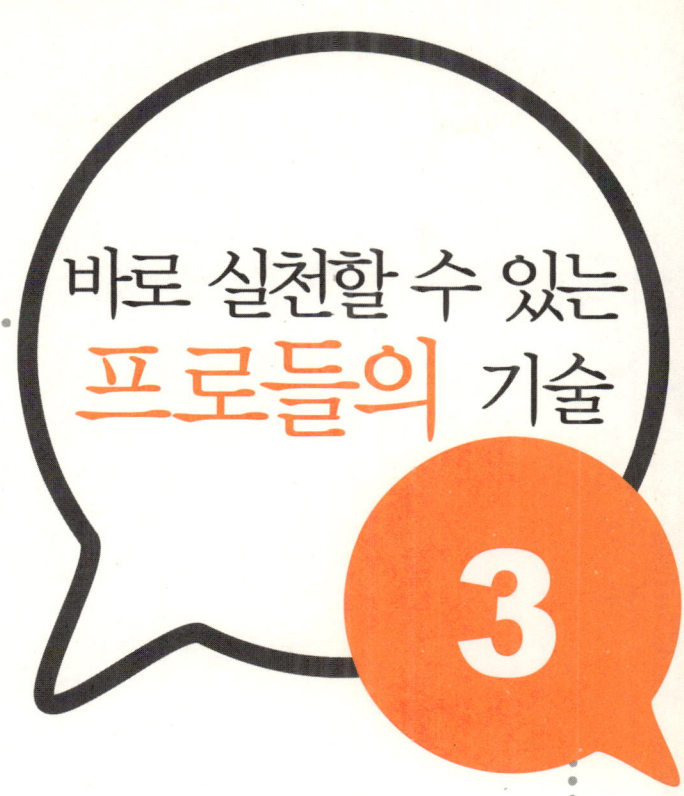

바로 실천할 수 있는
프로들의 기술

3

자기 이야기를 만들어라 ←

초등학생도 이해할 수 있도록 이야기해라 ←

상대방과의 공통된 주제를 찾아라 ←

꿈과 이상을 말로 표현하라 ←

차이가 공감을 만든다 ←

나만의 직함으로 인생이 급변한다 ←

HOW TO INTRODUCE YOURSELF

01

자기 이야기를
만들어라

➡ '과거→현재→미래'의 순서로 이야기를 만들어라

2장에서 설명한 짧은 형식의 자기소개에 내용을 좀 더 보충하면 '긴 형식의 자기소개'가 된다. 이것은 시간적 여유를 가지고 어느 정도의 사람들 앞에서 자기소개할 때 적합하다.

긴 형식의 자기소개는 '과거→현재→미래' 순서로 이야기가 구성된다. 이것은 상대방에게 자신을 기억하지 만드는 데 아주 효과적인 방법이다. 1장의 예들 중에서 빵을 좋아하는 딴소리남 씨의 예를 가지고 이야기해 보겠다.

긴 형식의 자기소개 ｜ 시간 순서가 뒤섞여 있을 때

저는 빵이나 단 과자를 먹으면서 걷는 것을 아주 좋아합니다. 요즘은 빵이나 케이크가 흔해져서 빵집을 어디서든지 볼 수 있게 되었습니다. 빵을 좋아하게 된 것은 어렸을 때 할머니께서 간식으로 떡을 많이 만들어 주셨기 때문입니다. 하지만 단 음식을 좋아해서 너무 많이 먹다 보니 건강이 걱정되기도 했고 때로는 그것들을 사느라 돈을 너무 많이 쓰기도 했습니다. 그래서 저렴하면서 건강에도 좋은 맛있는 빵이 있다면 좋겠다는 생각을 많이 합니다. 이런 가게들 정보를 정리해서 공개한다면 참 좋을 것 같습니다. 할머니께서는 5년 전에 돌아가셨지만 손수 만들어 주셨던 떡은 정말 일품이었습니다.

긴 형식의 자기소개 '과거→현재→미래'의 순서로 이야기하기

처음에 요점을 이야기한다

여러분, 저렴하면서 건강에도 좋은 맛있는 빵이 있다면 좋겠다고 생각하신 적이 있으신가요?

과거 이야기

제가 빵을 좋아하게 된 것은 어렸을 때 할머니께서 간식으로 떡을 많이 만들어 주셨기 때문입니다. 할머니께서는 5년 전에 돌아가셨지만 손수 만들어 주셨던 떡은 정말 일품이었습니다. 하지만 단 음식을 좋아하다 보니 너무 많이 먹어서 건강이 나빠질까 걱정되기도 했었고 때로는 그것들을 구입하는 데 돈을 너무 많이 쓰기도 했습니다.

현재 이야기

요즘은 빵이나 케이크가 흔해져서 빵집을 어디서든지 볼 수 있습니다. 좀 더 저렴하면서 건강에도 좋은 맛있는 빵이 있다면 좋겠다는 생각을 많이 합니다.

미래 이야기

이런 가게들 정보를 정리해서 공개한다면 참 좋을 것 같습니다.

➡ 긴 형식의 자기소개를 사용하는 장점

앞뒤로 순서가 바뀐 두 가지의 예를 비교해 보길 바란다. 내용은 거의 똑같고 단지 순서가 바뀐 것뿐이다.

첫 번째 예는 과거와 현재의 이야기를 섞어서 하고 있다. 이에 비해 두 번째 예에서는 과거와 현재, 미래로 각각 정리하여 시간 순으로 이야기하고 있다. 이렇게 시간의 흐름대로 설명하는 것이 이야기를 듣는 사람들의 입장에서 이해하기가 더 쉽다.

긴 형식의 자기소개 구성인 '과거→현재→미래' 중에서 현재 부분은 자신이 제공할 수 있는 것으로 짧은 형식의 자기소개가 중심이 된다.

과거의 이야기부터 갑작스럽게 꺼내면 무슨 말을 하려고 하는지 상대방이 이해하기 어렵다. 때문에 처음부터 간단하게 요점을 이야기하는 것이 좋다. 신문 기사로 예를 들자면 큰 제목 같은 것이다. 위의 예에서는 밑줄 친 부분이 이에 해당한다. 자기소개의 주제가 '저렴하면서 건강에도 좋은 맛있는 빵'이라는 것을 알리고 동시에 상대방은 어떤지 질문을 던지고 있다.

'과거→현재→미래' 순의 구성 방법은 세 가지의 장점을 갖는다.

첫 번째, 상대방이 이야기의 내용을 이해하기 쉽다. 시간의 흐름에 따라 진행되는 이야기가 시간 순서가 뒤섞인 이야기보다 이해하기 더 쉬운 것은 당연하다.

두 번째, 자신이 말하고자 하는 내용이나 경위 등을 다시 한 번 정리할 수 있고, 지금까지의 자기 인생을 되돌아볼 수도 있다. 자기 자신을 되돌아보게 됨으로써 지금까지 자신이 열심히 살았음을 스스로 인정할 수 있는 기회를 얻을 수 있다.

세 번째, 상대방의 기억에 남기 쉽다. 사람들은 인과관계를 잘 모르면 바로 잊어버리기 십상이다. 시간 순으로 이야기를 구성한다면 흐름이 있기 때문에 외우기 쉽다. 이 방법대로 실천하면 상대방의 기억에 남는 자기소개를 할 수 있다.

➡ 모든 것을 전하려고 하지 않아도 된다

주의해야 할 것은 지루하게 계속 이야기하지 말아야 한다

는 것이다. 처음부터 하고 싶은 이야기 전부를 말하려고 할 필요가 없다. 가장 중요한 것은 이야기를 듣는 사람들이 더 듣고 싶다는 생각을 하게 하는 것이다.

사람은 자신이 듣기 어려운 이야기들을 계속 듣게 된다면 그 이야기가 빨리 끝나길 바라게 된다. 그렇기 때문에 상대방이 더 듣고 싶다는 마음을 갖도록 이야기의 여운을 남기면서 군더더기 없이 깔끔하게 끝내야 한다. 상대방이 '당신의 이야기를 더 듣고 싶다'고 말한다면 그때부터 차근차근 이야기를 해 나가면 된다.

➡ 긴 형식의 자기소개

긴 형식의 자기소개는 다음과 같다. 89쪽에 워크시트가 있으니 나중에 하고 싶은 이야기들의 주제를 써 보자.

처음에는 '무엇을 제공할 수 있는가?짧은 형식의 자기소개'를 아주 짧게 제시해 보자.

무엇을 제공할 수 있는가?　짧은 형식의 자기소개와 동일

- 저는 ○○○에 관해서라면 자세히 이야기할 수 있습니다.
- 저는 ○○○을(를) 잘 합니다/좋아합니다.
- ○○○(이)나 ○○○에 관해서 알고 싶으시다면 제가 도움이 될지도 모르겠습니다.

- ○○○(으)로 고민하시는 분들에게 ○○○을(를) 도와드
  릴 수 있습니다.

다음에는 앞서 기록한 내용을 '과거→현재→미래' 순서로
배열하면서 이야기의 기본 형식으로 말해 보자.

과거 이야기의 기본 형식

- 시작하게 된 계기(관심을 갖게 된 계기)는 ○○○였습니
  다.
- 지금까지 ○○○을(를) 하거나, ○○○도 한 적이 있습니
  다.
- ○○○(으)로 어려웠던 적이 없으십니까? 저도 예전에는
  그랬습니다.

현재 이야기의 기본 형식

- 구체적으로는 ○○○ 등을 했습니다.
- 최근에 관심을 갖고 있는 것은 ○○○입니다.
- ○○○을(를) 좋아해서 어느 순간에 이 분야를 잘 알게
  되었습니다.
- 저도 예전에 ○○○(으)로 고민했었기 때문에 제가 이와
  같은 것으로 고민하시는 분들께 도움을 드릴 수 있을 것입

니다. 구체적인 분야로 이야기하자던 ○○○입니다.

미래 이야기의 기본 형식

• 앞으로는 ○○○에 도전해 보고 싶습니다.

• 꿈은 ○○○을(를) 하는 것입니다.

• 장차 ○○○을(를) 하고 싶습니다.

• 언젠가 ○○○한 사회가 실현될 수 있었으면 좋겠습니다.

➡ 과거 이야기에서 '열심히 몰두했던 것'을 설명하라

과거 이야기를 할 때 어떤 계기나 과정에서부터 시작하면 이야기가 자연스럽게 흘러간다. 자신이 제공할 수 있는 것과 관련하여 지금까지 열심히 몰두해 왔던 것, 특히 열심히 했던 것이나 성공했던 것, 인상 깊었던 것들을 구체적으로 이야기 하면 된다. 그렇게 하면 듣는 사람이 이야기의 내용을 상상하 기가 쉽기 때문에 인상에 오래도록 남는다.

과거 이야기의 기본 형식

• 시작하게 된 계기관심을 갖게 된 계기는 ○○○였습니다.

• 지금까지 ○○○을(를) 하거나, ○○○도 한 적이 있습니다.

• ○○○(으)로 어려웠던 적은 없으십니까? 저도 이전에는
  그랬습니다.

앞으로 설명할 A, B, C는 각각 동일 인물의 자기소개다. 'A-1, 2, 3' 'B-1, 2, 3' 'C-1, 2, 3'으로 연결해 읽어 보면서 자기소개를 하는 사람들이 어떤 사람들인지 생각해 보자.

계기 **A 씨 1**

지금부터 양로원에서 자원봉사를 시작한 뒤, 그 때 배운 소중한 경험에 대해서 이야기하려고 합니다.

처음에 무엇을 말할 것인지 간결하게 설명하고 있다.

과거

고등학교 때 수업의 일환으로 '노인의 집'에서 자원봉사를 했던 것이 계기가 되었습니다. 그때는 노래를 부르거나 종이접기를 하면서 어르신들과 함께 시간을 보내거나 또는 간식을 나르는 것이 제가 하는 일이었습니다. 처음에는 적응하기가 어려웠지만 몇 번 찾아가면서부터 어르신들과 이야기를 나누는 것이 너무나 즐거워졌습니다. 마지막 날에는 그분들과 헤어지는 것이 슬퍼서 눈물을 흘리기도 했습니다.

과정 **B 씨 1**

지금부터 산과 등산이 가진 매력에 대해서 이야기하려고 합니다.

상대방을 확 사로잡는 자기소개의 규칙

자신이 제공할 수 있는 것이 무엇인지 처음에 이야기하고 있다.

과거

저는 옛날부터 산을 좋아했었기 때문에 대학에 입학하면서 산악부에 들어갔습니다. 동아리 선배들로부터 눈 덮인 산과 암벽을 타는 법, 등산 도구를 사용하는 법 등을 배우면서 본격적으로 등산을 시작했습니다. 그러다 보니 3학년이 끝날 때쯤에는 전국에서 이름난 산들의 대부분을 정상까지 올랐었기에 '등산가가 될까?'라는 생각도 했었습니다. 그런데 졸업을 할 무렵에 동상을 입게 되었습니다.

성공 체험 C 씨 1

일을 조금 더 빨리 진행하고 처리하는 데 도움이 되는 서류 작성법에 관심이 있으신가요?

첫 부분에 자신이 제공할 수 있는 것을 질문 형태로 이야기하고 있다.

과거

처음 배정받은 부서가 경리부였습니다. 입사 초부터 일을 잘하고자 노력을 많이 했었습니다. 어느 날 상사로부터 제가 만든 서류가 아주 보기 편하다는 칭찬의 말을 듣게 되었고, 이후 저는 일에 대한 의욕이 충만해졌습니다.

저는 책을 사서 워드Word나 엑셀Excel, 파워포인트PowerPoint 등을 독학으로 공부했습니다. 그런 노력 덕분에 어느새 제게 서류 작성법을 배우고 싶다는 사람들이 늘어났고, 사내에 소문이 나서 다른 부서 사람들도 서류를 어떻게 작성해야 하는지 조언을 구하러 오게 되었습니다.

➡ 현재 이야기에서 '제공할 수 있는 것'을 전달하라

현재 이야기에서는 제공할 수 있는 것을 구체적으로 이야기 해야 한다. 그래야만 듣는 사람이 가장 자연스럽게 이해할 수 있기 때문이다.

구체적인 정보나 물건이 아니더라도 어떤 활동에 대한 구체적인 느낌들, 즉 그것의 즐거움이나 매력 등도 상대방에게 제공할 수 있는 것이 된다.

현재 이야기의 기본 형식

- 구체적으로는 ○○○ 등을 했습니다.
- 최근에 관심을 갖고 있는 것은 ○○○입니다.
- ○○○을(를) 좋아해서 어느 순간에 이 분야를 잘 알게 되었습니다.
- 예전에 ○○○(으)로 고민했었던 적이 있기 때문에 이와

같은 것을 고민하시는 분들께 도움을 드릴 수 있을 것입니다. 구체적으로 이야기하면 ○○○입니다.

현재 **A 씨 2**

대학에 입학한 뒤부터 다른 양로원에서 정기적인 자원봉사를 시작했습니다. 지금은 '주간 보호 서비스Day Care Service, 다른 사람의 도움 없이 일상생활을 영위하기 어려운 사람들을 낮 동안 보호하고 다양한 프로그램을 제공하는 일시 보호 서비스' 활동을 하면서 직원들을 돕고 있습니다.

어르신들이 피아노 연주를 매우 좋아하시기 때문에 동요나 옛날 가요들을 연습해서 연주하고 있습니다. 노래를 부르면 옛날 기억들이 떠오른다고 하시면서 여러 추억들을 이야기하시는 분들도 계십니다.

현재 **B 씨 2**

그 이후에 다른 방법으로 산과 관련된 활동을 할 수 있지 않을까 생각하다가 등산에 필요한 도구들을 주로 다루는 등산 용품 전문점에 입사했습니다. 저의 등산 경험을 잘 살려서 고객분들이 찾는 도구를 용도에 맞게 선택하실 수 있도록 도와드리그 있습니다. 물론 취미로 여전히 등산을 즐기고 있으며 지난달에는 일본 알프스에도 다녀왔습니다.

지금은 인사 교육부에서 서류 작성 등과 관련된 연수 업무를 담당하고 있습니다. 작년부터 시에서 주최하는 컴퓨터 강연회에서 강의도 하고 있습니다. 젊은 사람들부터 주부들이나 정년퇴직을 하신 분들까지 매우 다양한 분들이 수강하고 계십니다. 지난 학기에는 수강생이 정원을 초과하여 사전에 수강 신청이 마감되기도 했습니다.

➡ 미래 이야기에서 '꿈'을 이야기하라

미래 이야기에서 자신의 꿈이나 도전하고 싶은 것들을 이야기하도록 하자. 그것을 이룰 수 있을지 없을지는 생각하지 않아도 된다. 그저 자신의 생각이나 열정을 상대에게 전달하면 된다. 또한 이 부분은 자기소개를 마무리 짓는 부분이기 때문에 많은 사람들이 그렇게 되면 좋겠다고 공감할 수 있도록 밝고 희망적인 느낌으로 이야기를 마무리 짓는 것이 좋다.

미래 이야기의 기본 형식

• 앞으로는 ○○○에 도전해 보고 싶습니다.
• 꿈은 ○○○을(를) 하는 것입니다.
• 장차 ○○○을(를) 하고 싶습니다.
• 언젠가 ○○○한 사회가 실현될 수 있었으면 좋겠습니다.

미래 `A 씨 3`

졸업을 한 뒤에도 일과와 별도로 계속해서 노인분들과 관련된 자원봉사 활동을 하고 싶습니다. 그리고 그분들이 이야기해 주신 것들은 모두 귀중한 역사의 한 페이지이기 때문에 기록으로 남겨 두고 싶습니다.

미래 `B 씨 3`

제가 근무하는 이곳이 등산 애호가들의 교류의 장이 되었으면 합니다. 그 첫발로 당일치기로 등산을 할 수 있는 프로그램을 기획했습니다. 가족들과 함께 등산을 하시는 분들도 대환영이니 관심 있으신 분들은 이 프로그램에 적극적으로 참여하셔도 좋을 것입니다. 개인적인 꿈은, 언젠가 히말라야에 꼭 오르는 것입니다.

미래 `C 씨 3`

앞으로 내용을 한눈에 알아볼 수 있도록 하여 빠른 일처리를 가능케 하는 서류 작성법을 많은 분들께 알려 드리고 싶습니다. 서류가 알아보기 쉽게 정리되어 있다면 읽는 사람도 시간을 절약할 수 있으며, 일하는 속도도 더욱 빨라지게 될 것입니다. 또한 이것은 스트레스를 줄이는 효과도 있습니다. 이 기술을 언젠가 저희 회사의 모든 분들이 활용할 수 있도록 하는 방법을 진지하게 연구해 보고 싶습니다.

이렇게 자기소개를 마무리한다면 듣는 사람들도 기분이 밝아질 것이다. 말하는 사람도 꿈이나 희망에 가득 찬 밝은 이야기를 몇 번씩 반복하는 사이에 그 방향으로 이끌려가게 될 것이며, 그것이 정말로 실현되는 날이 올 수도 있다. 말이 지닌 힘은 우리가 생각한 것 이상으로 강력하기 때문이다.

워크시트 ❸ 긴 형식의 자기소개

POINT 긴 형식의 자기소개는 다음과 같이 하면 된다.

①이름(성과 이름 모두) + ②자신이 제공할 수 있는 것을 한 마디로 요약 제시 + ③제공할 수 있는 것을 '과거→현재→미래' 순서로 제시

아래 빈 칸에 생각이 나는 대로 써 보자. 처음에는 메모를 한다고 생각하면서 써도 된다. 나중에 이것을 고치면 된다.

긴 형식의 자기소개 작성 용지

① 성과 이름을 모두 쓰고 그것을 기억할 수 있는 방법을 생각한다.

② 처음에는 무엇을 제공할 수 있는가를 아주 짧게 제시하자(기본 형식은 79~80쪽 참고).

`무엇을 제공할 수 있는가`

3. 다음에는 위의 두 가지에 대해서 '과거→현재→미래'의 순서에 맞게 이야기를 만들어 보자(방법은 80~81쪽 참고).

`과거`

`현재`

`미래`

02

초등학생도 이해할 수 있도록 이야기해라

➡ 사실을 정확하게 이야기해야 한다

예전에 참석했었던 다른 업종 사람들과의 모임에서 '저는 SP입니다'라고 자기소개를 한 사람이 있었다. 건장한 체격을 가진 그는 멋진 양복을 입고 있었다. 그래서 고위층 인사나 연예인 등을 경호하는 경호원의 SP Security Police를 생각했다.

'누군가 유명한 사람이 오는 건가? 경호는 하지 않고 지금 나와 이렇게 한가하게 이야기를 나누어도 괜찮나? 혹시 오늘이 쉬는 날인가?'

그 사람에 대한 계속된 추리로 머리가 바쁘게 돌아가고 있었다.

"힘든 일을 하시네요. 매일 특별히 몸 관리를 하시나요?"

"네? 뭐, 일주일에 한 번 정도 수영장에서 수영을 하긴 합니

다. 그 외에는 별로……. 왜요?"

그의 대답은 예상과 전혀 달랐다. 잠시 후, 그 사람과 이야기를 더 하게 되면서 오해가 풀렸다. 그가 말한 'FPFinancial Planner, 재무설계사'를 'SP'로 잘못 들은 것이다. 조금 더 설명을 하자면, 재무설계사란 개인의 나이나 생활 수준에 맞추어 재무 설계를 제안하는 직업이다. 'FP'와 'SP'는 발음이 비슷하고 영문자가 생략되어 있기 때문에 모임에 참석한 다른 사람들의 말소리나 여러 가지 어수선한 상황으로 인해서 잘못 알아듣기 쉽다. 그래서 이럴 경우, "제 직업은 재무설계사로, 약자로 이야기하면 FP입니다."라고 말해 주었다면 서로 다른 말을 하며 당황해 하지 않았을 것이다. 또한 처음부터 내실 있는 말을 주고받을 수 있었을 것이다.

➡ 초등학생도 이해할 수 있도록 쉽게 말하라

자기소개를 한다면 서로가 처음 만나는 사이일 경우가 대부분이다. 상대방이 어떠한 사람인지 모르기 때문에 가능하면 누구든지 이해하기 쉬운 표현을 사용하는 것이 좋다.

초등학교 학생이 들어도 이해할 수 있을 정도의 수준으로 표현하는 것이 좋다. 왜냐하면 초등학교 학생이 들어서 알 수 있는 말이라면 성인들은 거의 100퍼센트 이해할 수 있기 때문이다. 또는 역 앞에서 만난 100명의 사람들에게 갑자기 인터

뷰를 하듯이 질문을 한다고 했을 때, 100명의 사람이 다 알아들을 수 있는 수준으로 이야기를 하는 것이 좋다.

말로 이야기를 할 때 평상시에 잘 사용하지 않는 말이나 복잡한 표현, 전문적인 용어, 은어, 약어 등을 사용할 때는 특히 신경을 더 써야 한다. 축약된 단체명의 경우 귀로만 들어서는 알아듣기 어려운 경우도 많다. 또한 동음이의어도 많기 때문에 이것을 사용할 때는 주의를 기울여야 한다. 만약 이름의 철자가 틀리기 쉽다면 한자나 주로 사용하는 말을 들어 설명해야 한다. 즉 누구나 쉽게 알 수 있도록 이야기하는 것이 중요하다.

➡ 업계 용어를 사용할 때는 주의해야 한다

특히 주의해야 할 것이 은어처럼 사용되는 '업계 용어'다. 특정 업계에 종사하는 경우 거기에서 사용되는 업계 특유의 용어나 줄임말을 많이 쓰게 된다. 이런 말들은 외부 사람들이 쉽게 이해할 수 없기 때문에 주의해서 사용해야 한다. 앞선 예에서 'FP'라는 용어는 금융업계에서 흔히 사용되는 말이지만, 일반 사람들 중 상당수가 이 말을 모른다는 것을 기억해야 한다.

필자는 민간 기업에서 오랫동안 일한 뒤 독립하였고, 도카이대학東海大学의 준교수准教授를 거쳐 지금은 에히메대학愛媛

상대방을 확 사로잡는 자기소개의 규칙

大学의 객원 준교수로 재직하고 있다. 대학 내부로 들어가 보니 역시 '업계 용어'가 있었다. 대학 내에서 사용하는 업계 용어도 매우 많다.

그중 한 가지가 'FD'다. 교내 회의에 들어가면 이 용어를 아주 자연스럽게 사용한다. 갑자기 FD라는 용어를 듣게 되면 당연히 무슨 말인지 모른다. '플로피디스크?' '프리 다이얼Free Dial, 수신자 부담 전화?' 교내에서 너무 당연하게 사용되는 용어이기 때문에 그것을 모른다는 것에 창피함을 느낀 새로 온 많은 강사들은 그 용어가 무슨 뜻인지 질문도 못 하고 눈치만 볼 뿐이었다.

FD는 교수 개발Faculty Development의 약자로, 필자도 처음에는 몰랐던 용어다. 이 용어는 '교원이 수업 내용이나 수업 방법을 개선하거나 향상시키기 위해 실행하는 조직적인 연구 개발'을 의미한다. FD라는 약자만 사용한다면 이 분야에 종사하지 않는 사람들은 처음 듣는 이 말이 무슨 뜻인지 이해하기 어려울 것이다.

➡ 자기소개도 포장에 신경을 써야 한다

우리는 대화 도중 모르는 말을 들으면 그 말이 무슨 뜻인지 고민하기 시작한다. 그러다 보면 그 생각에 몰두하게 되어 지금 상대방이 하고 있는 말에 더는 귀를 기울이지 않게 된다.

그 결과 정작 가장 중요한 자기소개 내용은 전달되지 못하며, 어렵게 찾아온 좋은 기회를 놓치게 될 수 있다.

FD라는 말에 당혹해 하는 사람들이 많은 것처럼, 대부분의 사람들이 모르는 말을 들으면 그 의미를 물어보는 게 창피하다고 생각해서 그냥 가만히 있다. 아무도 질문을 하지 않았다고 해서 모두가 이해했을 것이라고 생각한다면 큰 오산이다.

자기소개는 상대방에게 보내는 선물이기 때문에 포장에 신경을 써야 한다. 즉 상대방이 즐겁게 받아들일 수 있도록 더 고민해 봐야 한다. 자기소개를 상대방이 기분 좋게 받아들인다면 상대방에게 도움이 되는 것은 물론, 그것이 새로운 기회가 될 수도 있다.

03

상대방과 공통된
주제를 찾아라

➡ 그 자리에서 요구하는 것을 확실하게 파악하라

1장에서 자기소개의 예로 들었던 평범남 씨와 강한녀 씨, 딴
소리남 씨의 예를 한 번 더 떠올려 보자. 이들의 자기소개에서
가장 큰 문제점은 말하고 있는 내용이 상대방이 바라는 것이
나 관심을 갖는 것이 아니라는 것이었다. 같은 내용이더라도
상대방에 따라 관심과 흥미를 가지고 듣거나 아니면 그냥 흘
려듣는다. 그렇기 때문에 자기소개를 시작하기 전에 상대방
이 무엇을 바라고 있는지, 그 자리에서 화제가 되는 것이 무엇
인지 정확하게 인식하는 것이 중요하다.

화제를 찾는 것은 선물을 고를 때 어떤 것을 선물해야 상대
방이 즐거워할 것인가를 먼저 생각하는 것과 같다. 이때 효과
적인 것이 '상대방과의 공통된 주제 찾기'다.

➡ 공통된 주제를 찾는 방법

공통된 주제를 비교적 쉽게 알 수 있는 때는 어떠한 모임에 참석했을 때다. 즉 그 모임의 목적이나 취지가 상대방과의 공통된 주제라고 할 수 있다. 모임의 목적이나 취지를 통해서 공통된 주제를 찾는 방법을 살펴보자.

○○○ 선생님의 출판 기념회에서

○○○ 선생님의 신간을 모두들 어떻게 보셨나요? 이 책에서 저는 주인공의 젊었을 적 이야기가 아주 마음에 다가왔습니다. 큰 병을 앓고 있었지만 그것에 굴하지 않고 꿈을 이루기 위해 열심히 노력하는 모습이 잘 묘사되어 있었습니다. 저는 초등학교의 교사인데 요즘 가장 많이 생각하는 것이…….

모임의 장소가 '○○○ 선생님의 출판 기념회'이기 때문에 밑줄 친 부분과 같이 그 자리에서의 '최대 공약수'가 되는 이야기로 말을 시작하면 그 모임의 공통된 주제를 찾기 쉽다. 이런 자리에서 많은 사람들이 관심을 갖고 있는 주제를 확실히 이야기함으로써 사람들의 관심을 자신의 이야기로 끌어들일 수 있다.

프레젠테이션 기법 세미나에서

저는 기계 제조 회사에서 영업 일을 하고 있습니다만, 프레젠테이

션을 잘 못합니다. 좀 창피한 이야기지만 <u>어제 경쟁 업체에게 수주를 빼앗긴 것을 계기로 저의 프레젠테이션 기법이 약하다는 것을 통감하게 되었습니다.</u> 다행히 이 세미나를 알게 되어서 이번 기회에 회사에 비밀로 하고서 수강을 하게 되었습니다.

이 예에서의 주제는 '프레젠테이션'이다. 주제에 관련된 자신의 실패담을 이야기하다 보면 상대방의 공감을 얻을 수 있는 경우가 많다. 밑줄 친 부분처럼 주제에 관련된 실패담을 소개함으로써 듣는 사람들이 자신의 이야기에 몰입하도록 만들자. 그렇게 한다면 그들에게 공감을 쉽게 얻어낼 수 있다.

일대일이라면 "프레젠테이션이라는 것이 잘 안 될 때도 있지요."라고 하면서 말을 시작해도 좋다. 대다스가 "그렇죠."라고 답하면서 공감하는 말을 할 것이다.

상황을 화제로 이야기할 경우에 다음의 기본 형식을 외워 두고 사용하면 편리하다.

• 이러한 ○○에는 자주 오십니까?

만약 모임이라면 '이러한 모임에는 자주 오십니까?'라고 묻는 것이다. 이 한 마디로 처음 만난 상대방과 이야기를 나눌 수 있는 계기를 만들 수 있다.

모임의 목적이나 취지 이외에도 공통된 주제를 찾을 수 있는 방법이 있다. 이 경우의 공통된 주제는 이야기의 실마리를 만드는 것에도 도움이 된다.

- 검은 피부가 건강해 보이네요. 무슨 운동이라도 하고 계신가요?
- 원피스 색깔이 예쁘네요. 어디서 사셨어요?

위의 형식은 외부에서 보이는 것을 통해 공통된 주제를 찾는 방법을 나타내고 있다. 이 방법의 핵심은 실제로 말을 주고받으면서 주제를 찾는 것이다. 이 방법은 무엇을 선물하면 좋아할지 모르는 경우, 상대방이 좋아하는 것이나 바라는 것이 있는지 넌지시 물어 보는 것과 같다.

- 어디에서 오셨나요? 아, ○○에서 오셨어요? 거기 제 친구가 살고 있어요. ○○의 ○○ 근처에 살고 있는데, 거기 아시나요?
- 오늘 날씨가 좋네요. 밖에 나가고 싶은 날씨네요. 야외 활동을 좋아하시나요? 저도 그래요.
- 요리가 맛있네요. 저는 고기 요리를 아주 좋아하거든요. 이런 요리 어떠세요? 고기보다 생선을 더 좋아하시나요?

 상대방을 확 사로잡는 자기소개의 규칙

생선도 맛있죠. 어떤 생선 요리를 좋아하세요?

위의 형식은 이야기 중에 공통된 주제를 찾는 방법을 나타내고 있다. 음악이나 영화, 최근 뉴스 등 무난한 화제를 던져보고, 상대방이 관심을 보이면 그 화제로 이야기를 계속해 나가자. 그리고 상대방과 자신의 공통된 주제를 표가 나지 않게 찾아보고 공통점이나 비슷한 점을 발견했다면 상대방의 반응을 살펴보면서 조금씩 이야기해 나가면 된다. 그리고 이것이 당신의 '자기소개'가 되는 것이다.

➡ 누구에게나 반드시 강점, 즉 주제가 있다

과거→현재→미래의 구성으로 이루어진 긴 형식의 자기소개에서도 핵심은 현재 부분인 자신이 저공할 수 있는 것에 있다. 만약 자기소개의 핵심인 제공할 수 있는 것을 잘 찾지 못한다고 하더라고 크게 걱정할 필요는 없다. 누구나 제공할 수 있는 것을 가지고 있는데 그것은 바로 '자신의 강점'이다. 자신의 강점을 상대방이 관심을 가져줄 것 또는 기뻐해 줄 것으로 말해도 좋을 것이다.

2장에서 예로 설명했던 여자 대학생은 자신이 제공할 것이 없다고 말했지만 사실 그녀는 학교 주변에 있는 카페들을 자세히 알고 있다는 '강점'을 갖고 있었다 자신이 제공할 수 있는 것은 자신의 강점이자 동시에 자신의 주제이다. 그 여자 대학생의 경우 '학교 주변 카페'가 자기소개의 주제인 것이다.

인터넷에서 검색할 때와 같이 자신의 머릿속을 검색하여 자신의 주제를 찾아보자. 주제만 찾을 수 있다면 다음에는 연상 게임과 같이 그것과 관련된 것들을 하나씩 떠올리면 된다. 우선 다음의 것을 생각해 보자.

① 아무리 작은 것이라도 괜찮다. 자신의 강점이라고 생각되는 주제를 써 보자102쪽과 105쪽의 워크시트를 활용할 것.

② 자기소개를 하는 장소에 있는 상대방이 '가장 관심을 갖고 있을 만한 것그 장소의 주제'과 '자신의 강점주제' 간의 공통점을 찾아야 한다. 또한 그 장소에 있는 사람들과 이야기를 하면서 자신과 상대방의 유사점이나 공통점을 찾아가는 것도 상당히 효과적이다.

③ ②의 과정에서 발견한 '공통된 주제'를 바탕으로 자기소개를 해 나간다.

우선 자신의 강점뿐만 아니라 좋아하는 것, 잘하는 것, 지금까지 시간이나 에너지를 쏟았던 것 등을 계속해서 써 보자. 그러면 자신의 강점을 나타내는 주제를 찾을 수 있을 것이다.

필자의 경우를 예로 들어보자. 생각나는 것들을 열거하면

다음과 같다. '먹는 것을 좋아한다' '술을 좋아한다' '책 읽는 것을 좋아한다' '복잡한 것을 단순화시켜서 간단하게 가르칠 수 있는 능력이 있다' '프레젠테이션 기법을 가르칠 수 있다' '1만 2천 번 이상 사람들 앞에서 말하고 가르쳐 왔다' '대기업에서부터 중소기업에 이르기까지 전국 각지에서 기업 연수에 참여하고 강연 등을 했다' '국립대학에서 객원 준교수로 강의를 하고 있다' '학교 선생님이나 대학 교수님들에게 교수법을 가르치고 있다' '학교에서 공부도 못하고 친구들 관계도 원만하지 못했던 때가 있었기 때문에 공부를 못하는 아이들의 기분을 알 수 있다' '만담을 아주 좋아한다' '노래방에서 노래하는 것을 아주 좋아한다' 등등.

자기소개에서 우선적으로 이야기해야 하는 것은 당신의 '강점' 중에서 상대방이 원하는 것이다. 이것을 알기 위해서는 상대방과의 공통된 주제를 찾아야 한다. 관리직을 대상으로 진행하는 프레젠테이션의 기업 연수를 예로 든다면 '프레젠테이션 기법……' '1만 2천 번 이상……' '……전국 각지에서 기업 연수와 강의를 해 왔다' 등이 주제가 된다. 이것을 기준으로 해서 자기소개를 하면 된다. 이처럼 상대방과의 공통된 주제를 찾는 것은 선물을 할 때 누구에게 보낼 것인지, 받는 사람이 무엇을 원하는지 등을 확인하고 그것에 맞는 것을 찾아내는 것과 같다.

POINT 자신의 강점을 찾기 어려울 때는 가족이나 친구들에게 자신의 강점이 무엇인지 물어보면 의외로 간단하게 찾을 수 있다.

자신의 강점을 찾는 방법 1 : 가족이나 친구에게 물어보자

아무리 작고 사소한 것이라도 괜찮다. 우선 아래의 힌트를 통해서 떠오르는 것들을 생각나는 대로 써 보자. 메모를 하는 것처럼 해도 충분하다. 나중에 내용들을 정리하면 된다.

가족이나 친구들에게 자주 부탁받는 것이나 고맙다는 말을 들었던 것은 어떤 것이었는지 생각해 보자.

생각이 나지 않는다면 가족이나 친구들에게 물어보자.

1. 가족이라면 이런 경우는 없었는가?

★ 이 음식의 간이 맞는지 좀 봐 줘. 음식 맛은 잘 보잖아.

★ 형, 이 수학 문제 푸는 것 좀 가르쳐 줘. 형이 설명해 주면 아주 이해가 잘되거든.

2. 친구 사이라면 이런 경우는 없었는가?

★ ○○역 근처에 싸고 맛있는 밥집 알지? 어디가 좋아?

★ 최근에 본 영화들 중에서 뭔가 재미있는 영화가 있었어?

친구나 다른 사람들에게 대단하다고 칭찬받았던 것은 없는지 다시 생각해 보자.

➡ 상대방에게 가장 전달하고 싶은 이야기를 선택하라

자기소개를 할 때 주어지는 한정된 시간을 효율적으로 사용하기 위해서는 말하는 내용에 우선순위를 정하는 것이 중요하다. 상대방에게 가장 전달하고 싶은 것이나 가장 알리고 싶은 것을 선택할 때 놓치지 말아야 할 것은 상대방과의 공통된 주제다.

공통된 주제를 무시한 예

안녕하세요. 주식회사 ○○식품 상품 기획부에서 일하고 있는 열심남입니다. 제가 일하고 있는 회사를 간략하게 소개하자면 제2차 세계 대전 직후 식량 부족으로 인해 국민들의 영양 상태가 악화되자 이를 개선하기 위해 국가의 방침에 따라 1948년에 설립되었습니다. 유음료가 주류였지만, 그 후에 유가공 식품으로 생산품을 전환하였습니다. 현재는 국내 다섯 곳과 해외 세 곳에 거점 공장을 두고 있습니다. 연매출은 약 ○○억 원이며 종업원 수는 ○○명인 국내 중견 식품 기업입니다.

지금 소개하고 있는 이 사례는 중학생을 대상으로 한 것으로 체험 수업의 일환이라는 상황을 완전히 무시하고 있다. 이와 같은 자기소개 내용이라면 대부분의 학생들이 한 귀로 듣고 한 귀로 흘릴 것이다.

안녕하세요. 주식회사 ○○식품에서 상품 기획을 담당하고 있는 열심남입니다. ○○식품은 주로 버터나 치즈 등의 유제품들을 생산하고 판매합니다. 한입에 쏙 넣어 먹을 수 있는 '안녕! 치즈'라고 하는 인기 제품은 여러분들이 한 번쯤 간식으로 먹어 보았을 것입니다. 마시는 요구르트 제품인 '배의 건강' 시리즈는 학교 자판기에서도 볼 수 있습니다. 이렇듯 저희 회사는 여러분들이 자주 보면서 이용해 왔던 여러 유제품들을 만들고 있습니다. 여기 계신 중학생 여러분들은 성장기에 있기 때문에 이러한 식품들을 통해 영양소를 균형 있게 섭취할 수 있도록 해야 합니다.

이 예에서는 '○○식품'과 중학생의 접점을 찾아서 이야기하려고 했다. 중학생도 알고 있을 만한 구체적인 상품명이나 교내의 자판기, 성장기 등 학생들과 관련된 화제를 다루었기 때문에 그들의 관심을 끌 수 있었다. 이렇듯 상대방과 자신의 공통점이나 유사점을 다루는 것이 성공적인 자기소개의 핵심이다.

POINT 자신의 강점은 지금까지 시간이나 에너지를 쏟았던 것들 중에서 쉽게 찾을 수 있다.

자신의 강점을 찾는 방법 2 : 시간이나 에너지를 쏟았던 분야를 생각해 보자

자신이 당연하다고 생각하는 것도 다른 사람의 입장에서 보면 대단하게 생각되는 것이 의외로 많다. 지금까지 시간이나 에너지를 쏟아 온 분야를 생각해 보자.

★ 배운 것

★ 취미

★ 부서나 동아리 활동

★ 가족이나 지역에서 오랫동안 맡아서 해 온 일

★ 일을 하며 쌓아 온 경험 등

세계적인 수준이 아니라고 해서 다른 사람들에게 제공할 것이 없는 것은 아니다. 지금까지 열심히 해 왔던 것들이 주위 사람들에게 많은 도움이 될 수 있다. 제공할 수 있는 것으로 회사나 일에 대한 이야기를 하는 것도 괜찮다.

자, 그럼 이제 생각나는 것들을 계속해서 써 내려가 보자.

04

꿈과 이상을
말로 표현하라

➡ 나를 한 단계 높여 보라

긴 형식의 자기소개로 미래 이야기를 쓸 때는 꿈이나 희망, 도전하고 싶은 것을 이야기하는 것이 좋다. 바로 실현할 수 있는가의 여부는 지금은 생각하지 않아도 된다. 자신의 생각이나 열정을 전하면 되는 것이다.

미래에 관한 이야기를 통해 지금보다 한 단계 더 발전하기 위한 구체적인 방법들을 실천해 나가도록 하자. 이렇게 하면 더욱더 인상에 남는 자기소개를 할 수 있다. 그냥 생각하는 꿈이나 희망에서부터 그 꿈을 실현할 수 있는 구체적인 방법 제시로 이어 나가는 것이다. 앞서 살펴보았던 A 씨, B 씨, C 씨의 예87~88쪽 참고에 미래의 모습을 추가해 한 단계 더 높은 자기소개를 해 보도록 하겠다.

미래 **A 씨 3**

졸업을 한 뒤에도 일과와 별도로 계속해서 노인분들과 관련된 자원봉사 활동을 하고 싶습니다. 그리고 그분들이 이야기해 주신 것들은 모두 귀중한 역사의 한 페이지이기 때문에 기록으로 남겨 두고 싶습니다.

그분들은 전쟁에 참여하셨던 분들이 아니라 평범하게 생활하셨던 분들입니다. 전쟁 중 또는 전쟁이 끝난 뒤 그 격동의 시대를 어떻게 사셨는지 앞으로 인터뷰를 해서 언젠가 책으로도 펴내고 싶습니다.

밑줄 친 부분에서는 자신의 꿈으로 발전시키고 있다.

미래 **B 씨 3**

제가 근무하는 이곳이 등산 애호가들의 교류의 장이 되었으면 합니다. 그 첫발로 당일치기로 등산을 할 수 있는 프로그램을 기획했습니다. 가족들과 함께 등산을 하시는 분들도 대환영이니 관심 있으신 분들은 이 프로그램에 적극적으로 참여하셔도 좋을 것입니다. 개인적인 꿈은, 언젠가 히말라야에 꼭 오르는 것입니다.

산을 사랑하는 사람들이 늘어나면 지구 환경을 중요하게 생각하는 사람들도 더 늘어날 것입니다. 그런 분들과 함께 산을 지킬 수 있는 방법을 찾아냈으면 합니다.

밑줄 친 부분에서는 누구나 찬성할 수 있는 이상적인 이야기를 하고 있다.

앞으로 내용을 한눈에 알아볼 수 있도록 하여 빠른 일처리를 가능케 하는 서류 작성법을 많은 분들께 알려 드리고 싶습니다. 서류가 알아보기 쉽게 정리되어 있다면 읽는 사람도 시간을 절약할 수 있으며, 일하는 속도도 더욱 빨라지게 될 것입니다. 또한 이것은 스트레스를 줄이는 효과도 있습니다. 이 기술을 언젠가 저희 회사의 모든 분들이 활용할 수 있도록 하는 방법을 진지하게 연구해 보고 싶습니다.

<u>그리고 이 기술을 서류 작성 등으로 고민하는 많은 분들께 알려 드리고 싶습니다. 그렇게함으로써 그분들의 업무 시간을 단축하고 일과 관련된 스트레스도 줄일 수 있으면 좋겠습니다.</u>

밑줄 친 부분에서는 많은 분들께 알려 드리고 싶다는 것과 이것이 많은 사람들에게 도움이 된다는 것을 이야기하고 있다

존 레논John Ono Lennon이 부른 「이매진Imagine」의 노랫말처럼 전쟁도 빈곤도 없이 모든 사람들이 평화롭고 행복하게 사는 세상이 실제로 이루어진다면 얼마나 좋을까. 이러한 세

상을 만드는 데 자신이 조금이라도 도움이 된다면 어떨지 생각해 보자.

기업의 사훈들 중에 '사회에 공헌' '세계 문화에 기여' 등의 내용을 담은 것들이 많다. 개인의 자기소개에도 이러한 꿈이나 이상을 담아 보자.

➡️ 창피하다고 생각되는 것이 당연하다

꿈이나 이상을 사람들 앞에서 말하는 것을 창피한 것으로 생각하는 사람이 많을 것이다. 이것은 아주 자연스러운 감정이다. 누구나 자신에 대해 이야기하는 것을 부담스럽게 생각하게 마련이다. 그렇기 때문에 나는 모든 사람들에게 반드시 이야기하라고 강요하지 않는다. 창피해서 얼굴이 빨갛게 되어도, 긴장해서 가슴이 두근거려도 괜찮다. 오히려 그것이 자연스러운 거라고 생각하면서 자신에 대한 이야기를 해 보자. 만약 모르는 사람들 앞에서 이야기하는 것이 어렵게 느껴진다면 친한 사람들이나 가족들에게 먼저 이야기를 꺼내는 것도 좋은 방법이다.

다만 자신의 꿈이나 이상에 대해 혼자 몰입해서 너무 장황하게 말한다면 상대방이 지루해하거나 부담스러워할 수도 있다. '머리는 차갑게, 가슴은 뜨겁게'라는 마음가짐으로 자신의 꿈이나 이상을 침착하게 이야기해야 한다.

아직 무엇인가를 이룬 것이 없기 때문에 자신의 꿈을 말할 자격이 없다는 생각은 버려야 한다. 겸손함이 중요하다고 해도 자신을 너무 깎아내리면 상대방은 나를 자신감이 부족한 사람으로 생각할 수 있다. 꿈을 이야기하면서 지금 자신이 할 수 있는 것부터 한 발씩 내딛어 가면 되는 것이다.

자기소개를 통해 상대방이 자신을 이해할 수 있도록 하기 위해서는 '숫자'와 '실제로 이야기하듯 말하는 방법'을 같이 사용해야 한다. 이것은 당신의 자기소개를 더욱 현실적으로 느끼게 할 수 있다. 다음의 '워크시트 6'을 꼭 활용하길 바란다.

워크시트 ❻ **상대방에게 나를 이해시키자**

> **POINT** 자기소개를 할 때 '숫자'와 '실제로 이야기하듯이 말하는 방법'을 사용해 보자.

1. 숫자 활용

단순하지만 효과적인 것이 '구체적인 숫자'를 제시하는 것이다.

★ A: 야구를 아주 좋아해서 ○○ 야구장에 자주 갑니다.

★ B: 야구를 아주 좋아해서 ○○ 야구장에 적어도 일주일에 두 번 정도 갑니다.

두 예를 비교했을 때, B의 경우 구체적인 숫자가 들어가 있기 때문에 현실감이 더 느껴진다.

2. 실제로 이야기하듯 말하는 방법의 활용

실제로 이야기하듯 말하는 방법을 쓰는 것이 효과적이다. 말하는 상황이 영화를 보는 것처럼 재현되기 때문에 감정이 그대로 전달되며, 자기소개를 이해하기가 더 쉬워지기 때문에 상대방에게 깊은 인상을 심어 줄 수 있다.

★ C: 축구 시합에서 승리가 결정되자 모두들 기뻐했습니다.

★ D: 축구 시합에서 마지막 휘슬이 울린 순간, '해냈어!'라는 말이 저절로 나와 버렸습니다.

두 예를 비교했을 때 D와 같은 표현이 현장감을 더해준다.

구체적인 '숫자'를 제시하면 현실감을 더 줄 수 있다. 그리고 감정이 들어간 실제의 말은 상대방의 마음을 움직인다. 이 두 가지의 방법을 자기소개 작성 시 활용해 보길 바란다. 위의 힌트를 유념하면서 머릿속에 떠오르는 것들을 빈칸에 적어 보자.

05

차이가
공감을 만든다

➡ 실패나 좌절했던 경험을 활용하라

실패나 좌절의 경험이 없는 사람은 없다. 정도의 차이는 있겠지만 누구나 가슴 아픈 경험을 하면서 성장해 왔을 것이다. 실패나 좌절의 경험도 활용하는 방법에 따라 많은 사람들에게 공감을 받을 수 있는 자기소개의 주제가 될 수 있다.

실패나 좌절을 단순히 힘들고 나빴던 기억으로 끝내느냐 아니면 다음에 이야기하는 형태로 살리느냐에 따라 자기소개뿐만이 아니라 자신의 인생을 대하는 태도도 완전히 달라진다.

사실 저는 예전에 ❶정말로 이야기를 잘 못해서 친구들을 잘 사귀지 못했습니다. 유치원을 다녔을 때는 ❷매일 혼자서 울기 일쑤였습

상대방을 확 사로잡는 자기소개의 규칙

니다. ₃성격이 어두웠고 말도 별로 없었기 때문에 점차 ₄따돌림 당했고 ₅때문에 성격은 점점 더 어두워져 갔습니다. 고등학교 시절에는 공부에도 관심이 없어서 ₆성적이 항상 하위권이었고 ₇결석도 자주 했었습니다.

이런 경험이 있었기 때문에 ₈좋은 인간관계를 맺기 어려울 거라는 고민을 항상 해왔고, 이것을 해결하기 위해 대학 재학기간 동안 심리학 등의 여러 세미나에 열심히 참여했습니다. 대학을 졸업한 뒤에는 토목 관련 일을 아르바이트로 하면서 생활하다가 학원에서 강사를 하게 되었습니다. 대학 재학기간 동안 세미나에서 배운 것들을 강의할 때 활용했습니다. 그러다 보니 학생들이 ₉수업을 아주 열심히 들었고, 성적도 많이 좋아졌습니다. 그래서 학생들에게 감사 인사도 많이 받았습니다. ₁₀이때 처음으로 다른 사람들에게 좋은 평가를 받았던 것입니다.

학원에서 강의를 하면서 '이 일이 나에게 맞는구나'라는 생각을 하게 되었습니다. 그 뒤로 저는 여러 재수학원에서 강사 일을 하며 제 능력을 키웠습니다. 그러다 보니 대형 재수학원의 강사 채용 시험에 합격하게 되었고 전국 각지를 다니며 강의를 하게 되었습니다.

재수학원에서 강사 일을 하면서 많은 사람들 앞에서 자연스럽게 이야기할 수 있는 기술을 다른 방법으로도 활용하고 싶다는 생각을 하게 되었습니다. ₁₁그래서 저는 프레젠테이션이나 교수법 컨설턴트로 독립하게 되었고 이후 전국 각지에서 열리는 기업 연수나 강연 등을 담당하게 되었습니다. 열심히 강의를 하다 보니 대학의 권유로 ⑫대학생들에게 강의를 하게 되었습니다. ⑬최근에는 학교 선생님이나 대학 교수님께 교수법에 대해 강의하거나 '학생들의 관심을 유도하여 수업을 하는 방법'을 가르치고 있습니다.

①~⑦ 안 좋은 기억들만 있는 학창 시절을 이야기하고 있다.

⑧ 대학생이 되고 나서도 크게 달라지지 않은 자신의 모습을 이야기하고 있다.

⑨, ⑩ 인생이 크게 달라진 시기를 이야기하고 있다.

⑪~⑬ 말이 없고 다른 학생들보다 뒤쳐졌던 때에 비하면 극과 극으로 달라진 상황을 이야기 하고 있다.

위의 예는 필자가 경험한 일들이며 모두 사실을 바탕으로 쓴 것이다. 나는 극과 극인 두 가지 상황을 예로 들면서 자기소개를 한다.

첫 번째, 말도 없었고 대화도 잘하지 못했던 상황에서 프레젠테이션 기법이나 말하는 방법을 가르치게 된 상황으로 변화되었음을 이야기한다. 두 번째, 옛날에는 성적도 하위권이고 학교도 잘 가지 않았었는데 지금은 학교 선생님이나 대학 교수님께 교수법을 가르치고 있다는 극과 극의 상황을 이

야기한다.

누구나 극과 극의 상황이라고 생각되는, 나와 같이 차이가 많이 나는 경험을 한 적이 있을 것이다. 자기소개를 정말 잘한다고 생각되는 사람들은 이러한 극과 극의 상황을 잘 활용한다. 이러한 경우 이야기의 전반과 후반의 차이가 확실히 드러난다. 극과 극의 상황이 잘 배치된 이야기를 들으면 상대방은 같이 기뻐해 주면서 더 열심히 살라는 격려를 아끼지 않을 것이다. 내가 힘든 상황을 극복하고 이겨낸 것을 상대방도 마치 자신의 일처럼 즐거워할 것이기 때문이다.

'평범한 혹은 못난 주인공이 성장해 가는 이야기'와 '천부적인 재능을 타고난 주인공이 성공해 온 이야기' 중에서 어느 쪽 주인공에게 더 관심이 가는가? 물론 전자일 것이다.

후자와 같이 주인공이 계속 성공만 하는 이야기를 들으면 '처음부터 재능이 뛰어난 사람이기 때문에 다 가능한 일이겠지.' 또는 '나는 아무래도 무리야……'라고 생각하게 된다. 그런 이야기들은 다른 사람의 일일 뿐 나와는 상관없는 것이라고 여기기 때문이다.

하지만 전자는 주인공도 원래 자신과 같은 평범한 사람이며, '나도 열심히 하면 저 사람처럼 잘될 수 있을 것'이라고 생각하게 된다. 따라서 후자의 이야기보다 상대방의 공감을 이끌어 내기가 더 쉽다.

➡ 나도 이전에 ○○이었다

자기소개로 활용할 수 있는 극과 극의 상황을 잘 전달하기 위한 효과적인 방법은 '예전에 저도……' 또는 '이전에 저는……'이라고 말하는 것이다. 다음의 기본 형식을 사용하여 빈 칸 부분을 채워 간다면 바로 이 '극과 극의 상황 활용법'을 능숙하게 사용할 수 있을 것이다. 다음의 예를 보면서 확인해 보자.

과거와 현재의 극과 극의 상황을 활용하는 기본 형식

현재의 저는 (현재의 자기)(이)지만, 예전의 저는 (과거의 자신)이었습니다. (과거의 설명)이었던 것입니다. 그런데 (전환기 설명)(이)라는 일이 있어서…….

극과 극의 상황 예 1

지금은 사내에서 영업 실적이 좋아 표창장을 받는 영업 사원이 되었습니다. 하지만 이 일을 시작했을 때는 처음 해 보는 일이어서 입사 후 몇 년간 아무것도 모르는 상태였습니다. 그렇기 때문에 상사는 물론 고객에게까지 항상 꾸지람을 들었습니다. 결국 이렇게 해서는 안 되겠다고 생각해서 직장 선배들에게 상담을 요청했고, 그들에게 들은 조언대로 하나씩 실천해 나갔습니다. 눈앞에 있는 것은 무엇이든지 고민하고 해결하고자 노력한 덕분에 일에 대한 결과가

조금씩 보이기 시작했습니다.

현재는 자치회장을 맡고 있습니다만, 예전에 저는 일중독으로 지역에 대해서는 아무것도 모르던 직장인이었습니다. 그런데 제 딸이 초등학교에 입학하게 되면서 전 학부모 임원을 맡게 되었습니다. 그 일을 하면서 지역의 여러 사람들을 알게 되었고, 이전에 생각지도 못했던 여러 가지의 활동들이 우리 지역에서 이루어진다는 사실을 알게 되었습니다.

극과 극의 상황 예 3

지금의 제 몸무게는 60킬로그램이지만, 이전에는 90킬로그램이나 나가는 거구였습니다. 먹는 것을 정말 좋아했는데, 특히 돈가스나 감자튀김과 같은 기름에 튀긴 음식을 매일 같이 먹었습니다. 회사에서 건강 진단을 받을 때마다 매번 비만 판정을 받았지만 저는 전혀 신경 쓰지 않았습니다. 그러던 어느 날이었습니다. 일을 하던 중 갑자기 통증이 일어나면서 의식을 잃고 쓰러지게 되었습니다.

위의 예들에서 볼 수 있듯이 과거의 자신과 현재의 자신이 대비되어 있다. 과거의 모습과 현재의 모습이 얼마나 차이 나는지 확실하게 느낄 수 있도록 표현해야만 그 효과가 크다.

➡ 약점을 강점으로 변화시키자

다음의 두 가지 예들을 살펴보자.

극과 극의 상황 예 4

❶말 주변이 없어서 사람들과 잘 어울리지 못하던 제가 부서 이동으로 인해 영업부로 가게 되었습니다. 처음에 신규 개척을 하기 위해 고객들을 찾아가더라도 ❷상대방이 이야기하는 것만 듣고 있었습니다. 말 주변이 없으니 최소한 다른 사람의 말을 열심히 성실하게 듣기로 한 것이었습니다. 시간이 흘러 고객들이 비즈니스와 관계된 것뿐만이 아니라 일에 대한 고민이나 사적인 것들도 제게 털어놓기 시작했습니다. 그분들로부터 "자네가 ❸말을 잘 들어주니 말하기가 참 쉽네" "입이 무거우니 ❺신뢰할 수 있단 말이야"라는 칭찬을 들었습니다. 그리고 날이 갈수록 영업 실적이 점점 좋아졌습니다.

①, ② 말 주변이 없어서 말을 잘하지 못하는 것은 영업 사원으로서 큰 '단점'이다.

③, ④ 자신이 '단점'이라고 생각했던 것이 상대방에게는 반대로 '장점'으로 보이게 된 것을 이야기하고 있다.

극과 극의 상황 예 5

전문대학을 졸업하고 바로 결혼한 저는 슈퍼마켓에서 아르바이트

를 하기 전까지 **①이렇다 할 사회 경험이 없었습니다.** 그래서 우물
쭈물하다가 자주 실수를 저질렀고 "이래서 세상물정 모르는 아줌
마는 쓰질 않는 건데……."라는 말을 듣기 일쑤였습니다.

그러던 어느 날 '한 주간의 식단 박람회'라는 행사를 열게 되었습니
다. 이것은 제가 제안한 행사였습니다. 제가 낸 기획이 채택되었고,
실제로 행사가 진행되어 좋은 평가를 얻었습니다. 집에서 매일 직
접 만들어 가격이 저렴하면서도 균형 잡힌 영양소를 섭취할 수 있
는 요리를 진열해 둔 것이었습니다. **②평범한 주부만이 지닐 수 있
는 감각이 이 행사에서 빛을 발한 것입니다.** 이후로 매장을 조금씩
책임지게 되었고 일도 점점 즐거워지기 시작했습니다.

① 계속 전업주부로 있었던 것은 사회에 나와서 일을 할 때
약점으로 받아들여질 수 있다.

② 약점이라고 생각했던 것이 반대로 '강점'으로 바뀐 경험
을 이야기하고 있다.

➡ 5년 전의 나를 되돌아보라

앞에서 살펴봤듯이 극과 극으로 차이가 나는 것은 자신이
제공할 수 있는 것과 밀접하게 연결되어 있다. 예 4에서 상대
방의 말을 잘 듣는 것과 신뢰를 주는 것, 예 5에서 평범한 주
부만이 지닐 수 있는 감각을 발휘하는 것 등이 이에 해당한

다.

이제 과거에 자신이 어떠했었는지 생각해 보자. 차이가 나는 것, 즉 과거에는 불가능했지만 현재는 가능한 것이 바로 당신의 강점이자 자신이 제공할 수 있는 것이다. 그런 것들을 찾기 위해 5년 전 또는 10년 전의 자신을 되돌아보자.

대학에서 가르쳤던 학생으로부터 다음과 같은 자기소개를 들은 적이 있다.

5년 전에 저는 고등학생이었고 부모님과 함께 살았습니다. 그래서 세탁이나 식사 준비 같은 간단한 일들도 하지 않았습니다. 대학에 들어와 혼자 생활하기 시작하면서 제 스스로 빨래도 하고 식사 준비도 하게 되었습니다. 그래서 부모님의 노고를 절실하게 깨닫게 되었습니다. 정해진 시간에 식사가 준비되고, 더러워진 옷들이 깨끗하게 세탁돼 있다는 것이 얼마나 감사한 일인지 알게 되었습니다. 부모님의 감사함을 알게 되어서인지 요즘 친구들에게 성격이 많이 둥글둥글해졌다는 말을 듣고 있습니다.

이 학생은 5년 전의 자기 모습과 비교해 보았기 때문에 자신이 정신적으로 성장했음을 알 수 있었다. 5년 전 또는 10년 전의 모습과 현재의 모습을 비교해 보면 자신의 어떤 부분이 성장했으며 자기소개 시 자신이 제공할 수 있게 된 것이 무엇인지 분명히 발견할 수 있을 것이다.

예를 들어서 '차를 운전할 수 있게 되었다' '혼자 생활하기 시작했다' '영어로 조금씩 말할 수 있게 되었다' '밥을 맛있게 지을 수 있게 되었다' '취직을 하게 되면서 돈을 버는 것이 힘들다는 것을 알게 되었다' 등 여러 가지가 있을 것이다.

5년이나 10년 동안 여러 인생의 단계들을 밟아 왔을 것이다. 그리고 이렇게 밟아 왔던 것들이 바로 성장한 부분이다. 123쪽의 '워크시트 7'에서 과거의 자신과 비교하면서 성장한 부분들을 찾아보자. 그 부분들 중에 자기소개에서 당신이 제공할 수 있는 보물이 숨겨져 있다.

➡ 쓰리고 아팠던 경험도 보물이 된다

앞서 이야기한 것처럼 필자는 예전에 따돌림을 당하던 아이였다. 성적도 뒤처졌고 집에서 많은 시간을 '은둔형 외톨이'처럼 보냈었다. 심각하게 내성적이었던 탓에 인간관계를 잘 만들어 가지 못했고 그로 말미암아 자신감도 가질 수 없었다. 하지만 과거의 쓰리고 아팠던 경험들이 지금은 가장 소중한 보물이 되었다. 그런 힘든 경험이 있었기 때문에 다양한 것들을 배울 수 있었고, 나와 같은 경험을 하는 사람들의 마음을 이해할 수 있었다.

시계추를 생각해 보자. 시계추가 한쪽으로 크게 흔들리면 그 반대쪽으로도 같은 너비만큼 움직이게 된다. 인생도 이와 마찬가지다. 힘들게 흔들렸던 만큼 좋은 방향으로 크게 흔들릴 수 있는 것이다.

과거의 괴로운 일이나 생각들을 한데 담아서 뚜껑으로 덮어버리면 그대로 남아 있게 되지만, '그 시절 덕분에……'라는 생각을 하게 되면 보는 관점이 달라진다.

과거는 변할 수 없다. 하지만 과거에 일어난 일의 의미는 언제든지 바꿀 수 있다. 왜냐하면 그 의미를 부여하는 것은 '지금의 나'이기 때문이다. '그런 일이 없었으면……'하고 계속 생각하든지 아니면 '그 일 덕분에……'라고 생각하든지 그것은 자유다. 하지만 그 생각에 따라서 당신만의 보물이 조용히 그 모습을 드러낼 수도 있고 또는 그렇지 않을 수도 있다.

상대방을 확 사로잡는 자기소개의 규칙

POINT 옛날에 하지 못했던 것들 중에서 지금은 할 수 있게 된 것이 무엇이 있는가? 아무리 사소한 일이라도 좋으니 생각나는 대로 써 보자. 이 연습의 목적은 아래의 '오른쪽' 칸에 구체적인 것들을 써 넣는 것이다. 가능한 한 구체적이고 현실감 있게 쓰도록 하자.

지금의 자신과 몇 년 전의 자신을 비교해 보자

왼쪽 부분에 '몇 년 전'의 일인지 먼저 쓰도록 하자

□□년 전 년 월 일 (나이 살)	오늘 날짜 년 월 일 (나이 살)
그 때는 할 수 없었던 것은? 예1) 학생이어서 아르바이트 경험 밖에 없었다. 예2) 부모님과 함께 살았다. 예3) 가지고 있던 자격증은 오토바 이 면허뿐이었다.	지금은 할 수 있게 된 것은? 예1) 사회인이 된 지 3년째. 일도 익숙해지고 후배도 생겼다. 예2) 혼자 살기 시작해서 요리도 잘한다. 내가 받는 월급만으 로 생활하고 저금도 100만 원 저축했다. 예3) 운전면허도 따고 정보 처리 관 련 자격시험에도 합격했다.

★ 오른쪽 부분에 쓴 내용들 보고 지금까지 열심히 살아온 자신을 칭찬해 보자.

★ 이러한 과정을 통해서 무엇을 느꼈는지 생각나는 대로 써 보자.

➡ 수평적 차이

'과거'와 '현재'의 차이를 수직적 차이라고 한다면 반대로 수평적 차이라는 것도 생각해 볼 수 있다. 얼핏 보기에도 무서워 보이는 남자가 파르페를 먹고 있다거나 도도해 보이는 여성이 어르신에게 아주 친절하게 행동한다면 그 의외성에 놀라지 않을까? '나름 귀여운 면이 있으시네!' '사실은 정말 친절한 사람이었구나!'라고 친근함을 느끼고 호감을 가질 수 있게 된다. 이것은 겉과 속의 차이이며 이것이 바로 수평적 차이이다.

대학 병원에서 일을 하고 있는 의사입니다. 직장에서는 하루 종일 일로 바쁘지만, 가끔씩 쉬는 날에는 밴드 활동을 하고 있습니다. 대학 시절부터 록밴드를 조직해 활동하고 있으며 밴드 내에서 베이스를 담당하고 있습니다. 도심 내의 라이브 하우스에서 친구들과 연주도 합니다.

위 예에서 일과 취미의 차이를 볼 수 있다. 대학 병원의 의사 선생님은 다소 고리타분하게 느껴진다. 하지만 의사가 록밴드에서 베이스를 친다고 하면 왠지 친근하게 느껴진다.

➡ 나를 열어 보이면 인간관계는 더욱 깊어진다

수직적 차이든지 수평적 차이든지 자신이 겪은 극과 극의

상황을 이야기하는 것은 그 자리에 있는 사람들이 모르는 자신의 본모습을 보여 주는 것과 같다. 즉 상대방에게 자신을 열어 보이는 것이다.

같은 직장 동료라고 해도 직장 외에서의 모습은 서로 모르는 경우가 의외로 많다. 하지만 모르고 있던 걸 알게 된다면 지금까지 멀리했던 사람을 이해할 스 있게 된다.

1장의 평범남 씨에게 다음과 같은 면이 있음을 알게 된다면 그에게 친근감을 느끼게 될 것이다.

최근 초등학생인 제 딸이 나팔꽃을 키우고 있어서 저도 매일 아침에 딸아이와 함께 물을 주고 있습니다. 어제는 처음으로 꽃을 피웠습니다. 파란 색깔의 큰 나팔꽃이었습니다. 그 예쁜 꽃과 딸의 웃는 얼굴을 보니 정말 기뻤습니다.

이제 막 알게 된 사이라도 자신을 열어 보이면 상대방이 관심을 보일 것이다. 의외의 면을 서로 알게 되었을 때 더욱 친근감이 생기기 때문이다.

06

나만의 직함으로 인생이 급변한다

➡ 강한 인상을 남겨라

우선 지금까지의 내용을 다시 정리해 보자.

- 자기소개란 '자신이 무엇을 제공할 수 있는가'를 전하는 것 이다.
- 그 '제공할 수 있는 것'에 관련하여 앞뒤로 '과거'나 '미래' 이야기가 들어가도록 하여 '과거→현재→미래' 순으로 이 야기를 구성하면 듣는 사람이 이해하기 쉽다.
- '미래' 이야기는 자신의 '꿈이나 이상'으로 구성한다.

이상으로 내용을 정리하고 다음의 두 가지 비법을 이야기 하도록 하겠다.

상대방을 확 사로잡는 자기소개의 규칙

- 비법 1 : 자기소개 내용을 간략하게 정리함으로써 10초 만에 상대방에게 강한 인상을 주는 '상대방의 기억에 남는 방법'
- 비법 2 : 비법 1을 사용하면서 자신만의 직함을 한 단계 높이는, '자신이 생각하는 자기 이미지를 바꾸기 위해 실현하는 방법'

기본이 되는 형식을 통해 '비법 1'에 대해 설명하고자 한다. 다음 문장의 '【】'에 10초 정도로 간단히 전할 수 있는 내용을 채워 보자.

비법 1의 기본 형식

【A: 자신이 제공할 수 있는 것】을 통해서/로 인해서/함으로써 【B: 꿈이나 이상】을 ~한다/~하고 싶다.

75쪽에서 설명한 긴 형식의 자기소개과거→현재→미래에서 현재 부분자신이 제공할 수 있는 것이 A이고, 미래 부분실현하고 싶은 꿈이나 이상이 B이다. 이 기본 형식에 따르면 현재 제공할 수 있는 것A만이 아니라 앞으로 바라는 꿈이나 희망B을 확실하게 전달할 수 있다.

이것만으로는 확실하게 이해하기 어려우니 구체적인 예를

들어 보겠다.

비법 1 요점만 10초 정도로 이야기하자

평범남 씨 예 1 : 딸과 함께 나팔꽃을 키우는 아버지

초등학생 딸과 함께 나팔꽃 씨앗을 뿌리고 키우면서 ⓐ아이들과 함께 작은 생명을 키우는 것의 소중함과 이것을 가능하게 하는 평화의 감사함을 실감했습니다. 앞으로는 다른 식물도 딸과 키워보고 싶습니다. 그리고 ⓑ세계의 아이들에게 가족과 함께 식물을 기르게 함으로써 그들에게 생명과 평화의 소중함을 일깨워 주고 싶습니다.

위의 내용을 가능한 한 짧게 요점만 정리한다면 다음과 같다.

평범남 씨 예 2

ⓐ식물을 기르는 것을 통해서, ⓑ세계의 아이들에게 생명과 평화의 소중함을 일깨워 주고 싶습니다.

시간적인 여유가 없을 때, 가장 전하고 싶은 것을 가능한 한 간결하게 전하는 것이 핵심이다. 길게 이야기하는 것은 어떤 의미에서 간단하다. 생각나는 것을 계속해서 이야기해 나가면 되기 때문이다. 하지만 인상 깊은 자기소개를 전하고자

한다면 즉흥적으로 해서는 그 목적을 달성하기 어렵다. 왜냐 하면 매력적인 문구를 만드는 것과 함께 말을 엄선해서 사용 해야 하며 또한 말의 순서나 표현까지도 생각해 두지 않으면 안 되기 때문이다.

따라서 평범남 씨의 예 2와 같이 요점만 간결하게 정리해서 만들어 두길 바란다.

다음의 예를 살펴보자.

강한녀 씨 예 1: 중소기업을 대상으로 하는 범용 소프트웨어 개발자

Ⓐ중소기업을 대상으로 하는 소프트웨어 개발을 하고 있습니다. 저 는 제가 개발한 소프트웨어로 많은 중소기업들이 더욱 발전하기를 바라고 있습니다. Ⓑ또한 많은 중소기업들이 그로 인한 이익을 사회 공헌에 이바지하는 데 사용한다면 정말 기쁠 것입니다.

위의 예에서 요점만 간추려 보도록 하겠다.

강한녀 씨 예 2

Ⓐ소프트웨어의 개발을 통해서 Ⓑ중소기업들이 사회공헌을 하는 데 이바지했으면 합니다.

예 2뿐이라면 너무 짧아서 구체적인 이야기를 떠올리기 어려울지도 모른다. 하지만 상대방이 이것을 듣고 구체적으로 어떠한 내용인지를 묻는다면 그것이야 말로 이야기를 시작할 수 있는 기회가 된다. 그리고 그 사람이 더 듣고 싶다고 한다면 말을 추가하면서 설명하면 된다.

말로 길게 설명하는 것보다 간결하게 요점만 간추려서 이야기하는 것이 더 어렵다. 따라서 간결하면서도 명료한 표현을 미리 만들어 두는 것이 좋다.

딴소리남 씨 예 1 : 빵 애호가

빵을 먹으면서 걸어 다니는 것을 아주 좋아합니다. 특히 ⓐ저렴하면서도 건강에 좋은 빵에 관심을 갖고 있으며, 언젠가 이러한 빵을 파는 가게들의 정보를 모은 가이드북을 만들어 보고 싶습니다. 앞으로 전국 각지의 빵을 좋아하는 사람들이 협력해서 '수도권판' '지역별판' 등을 만든다면 ⓑ지친 현대인들도 이것을 통해 건강하고 행복해질 것이라고 생각합니다.

요점만 추린다면 다음과 같이 정리할 수 있을 것이다.

딴소리남 씨 예 2

ⓐ저렴하면서도 건강에 좋은 빵의 정보를 세상에 많이 알림으로써

ⓑ지친 현대인들에게 건강과 행복을 전달해 주고 싶습니다.

　딴소리남 씨의 예에서도 Ⓐ는 자신이 제공할 수 있는 것이고 Ⓑ는 꿈이나 이상이다. 이 Ⓐ와 Ⓑ 두 가지를 가능한 한 간단하게 정리한 다음 그 내용을 대본처럼 시간 순으로 정리해두자. 대략적이라도 괜찮다. 어느 자리에서든지 갑자기 자기소개를 하라고 해도 그 대본대로 이야기하면 된다.

비법 2　자신의 직함을 만든다

　여기까지 잘해 왔다면 다음의 비법 2도 간단하게 할 수 있다.

> **비법 2의 공식**
>
> 【A: 자신이 제공할 수 있는 것】+【B: 꿈이나 이상】+【C: 되고 싶은 자신(별명, 나만의 직함)】= '한 단계 높인 직함'

　Ⓐ와 Ⓑ는 앞선 '비법 1'과 같은 내용이라도 괜찮으며 나중에 '되고 싶은 자신Ⓒ'을 표현하는 말만 추가하면 된다. 다음의 기본 형식을 채우면 완성이다.

> **한 단계 높은 직함의 기본 형식**
>
> 【A: 자신이 제공할 수 있는 것】을 통해서/로 인해서/함으로써

【B: 꿈이나 이상】을 ~하는/~하고 싶은 【C: 되고 싶은 자신별명, 나만의 직함】이다이 기본 형식의 워크시트는 138쪽에 있으니 참고할 것.

ⓒ 부분은 유머러스하게 구성하는 것이 좋다. 처음에는 생각나는 말들을 계속해서 써 내려가 보자. '이런 것이 있겠어?'라고 생각되는 것도 좋다. 예를 든다면 다음과 같다.

평범남 씨 예 3 : 딸과 함께 나팔꽃을 기르는 아버지

ⓐ식물을 기르는 것으로 ⓑ세계의 아이들에게 생명과 평화의 소중함을 일깨워 주고 싶은 ⓒ**평화를 사랑하고 꽃을 키우는 아버지**입니다.

강한녀 씨 예 3 : 중소기업을 대상으로 하는 범용 소프트웨어 개발자

ⓐ소프트웨어의 개발을 통해서 ⓑ중소기업이 사회공헌을 하는 데 이바지했으면 하는 ⓒ**종잡을 수 없는 시스템 엔지니어**입니다.

딴소리남 씨 예 3 : 빵 애호가

ⓐ저렴하면서도 건강에 좋은 빵의 정보를 세상에 많이 알림으로써 ⓑ지친 현대인들에게 건강과 행복을 전달해 주는 ⓒ**빵의 왕자**입니다.

'평화를 사랑하고 꽃을 키우는 아버지' '종잡을 수 없는 시

스템 엔지니어' '빵의 왕자'는 되고 싶은 자신을 표현한 부분ⓒ
이다. 이러한 나만의 직함은 유머가 느껴지도록 구성하는 것
이 더 효과적이다. 실제로 ⓒ 부분에 여러 가지를 쓰다 보면
다음과 같이 말하는 사람들이 아주 많을 것이다.

"이런 거 창피해요. 얼굴이 화끈거려요."

"사람들 앞에서 말할 만한 것이 아니에요. 바보 취급당할 걸요."

ⓒ 부분을 '특별 메뉴'라고 생각하자. 무리해서 다른 사람에
게 말할 필요는 없다. 자기 마음속에 담아 두고 되새기는 것
만으로도 충분하다. 만약 상대방에게 ⓒ 부분만 이야기한다
면 그것을 이해하지 못할 수도 있다. 따라서 앞선 예와 같이
제공할 수 있는 것Ⓐ과 꿈과 이상Ⓑ을 먼저 이야기하고 그 다
음에 ⓒ의 부분을 이야기해 보자.

➡ 실제로 만들어 보라

어렵게 생각할 필요가 없다. 가벼운 낙서라고 생각하면서
유머러스한 나만의 직함을 만들어 보자.

필자의 사례

Ⓐ커뮤니케이션 기술과 프레젠테이션 기법, 교수법 등을 가르치는
일을 통해 Ⓑ다른 사람들을 알아 가는 즐거움과 기쁨을 전하는 ⓒ**슈
퍼 카리스마 교수·연예인**입니다.

영업 사원

ⓐ영업 업무를 통해 ⓑ고객들의 고민을 해결해 드리고, 항상 고객들이 잘되기를 응원하는 **ⓒ당신의 슈퍼 응원단**입니다.

회사원

ⓐ회사 업무를 통해서 ⓑ우리나라의 경제 발전과 밝은 미래에 공헌하는 **ⓒ회사원도**會社員道 **5단**입니다.

상대방이 "회사원도? 5단? 그게 뭔가요?"라고 묻는다면 상대방과 대화를 이어갈 수 있는 절호의 기회를 잡았다고 볼 수 있다.

"유도, 검도, 합기도 등이 있다면 '회사원도'가 있어도 좋지 않을까 하여 만들어 봤습니다. 회사원도 1단은……."

이와 같은 유머러스한 대답을 하면서 대화를 이끌어 간다면 상대방과 즐겁게 이야기를 주고받을 수 있을 것이다.

어느 상공회의소에서 프레젠테이션 세미나를 담당하게 되었을 때, 조명과 관련된 일을 하는 전기 회사의 사장이 참석했었다. 그는 자신의 회사를 다음과 같이 소개했다.

"ⓐ조명 공사를 통해 ⓑ세상을 밝게 비추는 ⓒ전문가들입니다."

위의 소개말은 '세상을 밝게 비춘다'라는 부분이 더해져 다

상대방을 확 사로잡는 자기소개의 규칙

른 사람들이 기억할 만한 소개말이 되었다. 그는 다음과 같이 말을 더했다.

"제가 정말 바라는 것은 어두운 뉴스가 많은 이 세상이 조금이라도 더 밝아지는 것입니다."

이외에 필자의 세미나에 참석했던 다른 수강생들의 사례들을 더 소개하고자 한다.

비즈니스 프로듀서

ⓐ방송국 프로듀서PD와 같이 기발한 발상을 바탕으로 하는 ⓑ비즈니스 아이디어와 마케팅·브랜딩 노하우를 제공하는 ⓒ**비즈니스판 PD입니다.**

메이크업 아티스트

ⓐ메이크업을 통해 ⓑ한 사람의 한 번밖에 없는 소중한 인생을 예쁘고 아름답게 가꾸어 더욱 성장시키고 발전시키는 ⓒ**메이크업 개발 전문가입니다.**

커리어 컨설턴트

ⓐ재취업을 할 수 있도록 지원함으로써 ⓑ원하는 인생을 자신의 힘으로 만들어 갈 수 있도록 돕는 ⓒ**밝은 미래를 열어 주는 전문가입니다.**

세무사

ⓐ세무 관련 업무나 경영 컨설턴트 업무를 지원함으로써 ⓑ기업과 더 나아가 우리나라 경제의 활성화에 기여하고자 하는 ⓒ**기업들의 참모**입니다.

식품 제조업에 종사하는 회사원

ⓐ안전하고 맛있는 식품을 제공함으로써 ⓑ모든 가정에 맛있는 식탁이 차려지도록 연출하는 ⓒ**웃음과 건강을 위한 서포터**입니다.

은행원

ⓐ안정된 금융 시스템을 유지함으로써 ⓑ모든 사람들이 안심하고 풍요로운 미래를 맞이할 수 있도록 ⓒ**뒤에서 노력하는 금융 전문가**입니다.

교사가 되고 싶은 학생

ⓐ초등학교 선생님으로서 ⓑ아이들이 무한한 가능성을 펼칠 수 있게 하는 ⓒ**아이들을 위한 응원단장**이 되고 싶습니다.

이렇게 나만의 직함을 재미있고 흥미롭게 만들수록 효과가 더 크다. 하지만 자기소개를 하는 장소가 진지한 곳이라면 이러한 말을 꺼내기가 어려울 것이다. 그러한 경우에는 'ⓒ나만의

직함'을 빼고 【ⓐ를 통해서/로 인해서/함으로써 ⓑ한다/하고 싶습니다】라는 식으로 이야기하면 된다. 앞선 자기소개들보다 약한 인상을 주지만, 그만큼 널리 사용할 수 있다.

➡ 유머러스한 나만의 직함이 최후의 자기소개다

유머러스한 나만의 직함이 떠올랐는가? 새로운 직함에 관한 다양한 것들을 자유롭게 생각하는 것만으로도 즐거움을 느낄 것이다. 때문에 주변의 친구들이나 동료들과 함께 나만의 직함을 만들어 보는 것도 좋다.

과거와 현재, 미래의 순서대로 말하는 긴 형식의 자기소개가 신문 기사의 본문이라고 한다면, 유머러스한 나만의 직함을 사용하는 자기소개'ⓐ를 통해서 ⓑ하는 ⓒ입니다'는 신문 기사의 제목과 같은 것이다. 이것은 간결하면서도 사람들의 마음에 다가갈 수 있도록 구성해야 한다. 유머러스한 나만의 직함을 만들다 보면 자신이 무엇을 목표로 하는지, 장차 어떤 사람이 되고 싶은지 구체적으로 알게 된다.

사적인 용도로 사용하는 명함 등을 만들 때 유머러스한 나만의 직함을 사용하는 것도 좋은 방법이다. 적당한 선에서 자신의 개성을 표출하는 것은 긍정적인 결과를 가져올 수 있다.

워크시트 ⑧ 자기다운 직함을 만들자

POINT 비법 2의 공식(131쪽)을 활용해 보자.

【A: 제공할 수 있는 것】을 통해서/로 인해서/함으로써 + 【B: 꿈이나 이상】을 ~하는/을 ~하고 싶은 + 【C: 되고 싶은 자신 (나만의 직함)】 = 한 단계 높인 직함

한 단계 높인 직함을 만들기

우선 생각나는 것들을 아래의 빈칸에 써 보자.

1. A: 자신이 제공할 수 있는 것은 무엇이 있는가?

2. B: 꿈이나 이상은 어떠한 것인가?

3. C: 되고 싶은 자신(나만의 직함)도 만들어 보자(유머러스하다면 더욱 효과적이다).

4. 쓴 것들 중 알맞은 것들을 골라서 위의 공식에 넣어 완성시켜 보자.

불완전함을 받아들이는 용기를 가져라

이 책에서 자기소개에 관한 여러 가지 방법들을 소개하고 있지만, 이것들을 전부 완성해야 한다는 생각은 하지 말길 바란다.

무엇인가를 이루기 위해 열심히 노력하는 것은 좋지만, '뭐든지 완벽하게 해야 한다'는 생각에서 벗어나야 한다. 완벽하게 준비한 뒤에 자기소개 방법을 사용하겠다고 한다면 시간이 지나도 그것을 실천할 수 있는 날은 오지 않을 것이다. 우리가 인간인 이상 완벽해진다는 것은 불가능하기 때문이다. 불완전해도 좋으니 이 책의 자기소개 방법 중 하나라도 실제로 사용해 봐야 한다. 현재 내가 할 수 있는 것을 실천한다면 그것으로도 충분하기 때문이다.

지금까지 이 책을 열심히 읽어 온 독자들이라면 무슨 일이든지 열심히 하려는 자세를 갖고 있을 것이다. 최고의 것을 만들겠다는 것에 너무 집착하지 않길 바란다. 재미있게 논다는 마음으로 자기소개 때 말할 내용들을 다방면으로 생각해 보자.

야구의 경우를 예로 들어 보자. 일본의 유명한 이치로 선수도 10할의 타율을 달성하는 것은 거의 불가능하다. 그런데 평범한 사람이 전 타석 홈런을 치려고 한다면 그것이 가능하겠는가. 이는 불가능할 뿐만 아니라 어깨에 힘이 너무 많이 들어가서 오히려 평소보다 더 안 좋은 결과가 발생할 것이다. 차라리 어깨의 힘을 빼고 편안한 마음으로 타격을 한다면 더 좋은 결과를 얻게 될 것이다.

이 책을 읽고 있는 독자들에게 '불완전함을 받아들이는 용기'를 가지라고 말하고 싶다. 때에 따라서는 완벽주의를 떠나 자신의 불완전함을 받아들일 필요가 있다. 그렇게 한다면 쓸데없는 힘이 빠지면서 편해질 수 있을 것이다. 많은 사람들 앞에서 자신을 소개하느라 긴장하게 될 때 이 말을 되뇌어 보자. 또한 주위 사람들 중 너무나 진지하게 모든 일을 완벽하게 처리하려고 하는 사람이 있다면, 그 사람에게도 이 말을 꼭 전해 주길 바란다.

자신의 불완전함을 자기 스스로 받아들일 때 상대방의 불완전함도 받아들을 수 있게 된다. 자신과 상대방에 대한 관용이 서로의 신뢰 관계를 더욱 깊게 해 줄 뿐만이 아니라 서로가 서로를 높여 주는 멋진 관계로 발전해 나갈 수 있을 것이다.

상대방을 확 사로잡는 자기소개의 규칙

자기소개에 대한 궁금증을 해결한다 4

상황에 알맞은 자기소개하기

한 번에 자신을 기억하게 만드는 비결

자기소개에서 신경 써야 할 것

자, 이제 실천이다

HOW TO INTRODUCE YOURSELF

01

상황에 알맞은 자기소개하기

➡ 당신에게 바라는 것은 상황에 따라 다르다

자기소개의 대전제는 '그 상황에 맞는 이야기'를 하는 것이다. 같은 사람이라도 상황이 다르면 요구되는 것도 다르다. 상황에 맞지 않는 자기소개를 한다면 듣는 사람들에게서 공감을 이끌어 내지 못한다.

자신의 강점들 중에서 맞이한 상황의 주제와 관련된 것을 고르고, 가장 전달하고 싶은 것을 자기소개 때 확실하게 표현하자. 이때 그 상황에 맞는 직함을 임기응변으로 만들어 사용해도 좋다.

➡ 직함은 많은 것이 좋다

사람은 만나는 상대방에 따라 여러 역할을 하기 때문에 여러 개의 직함을 갖게 된다. 가족, 일을 통해 만난 사람, 친구나 취미 활동을 하며 만난 사람 등 적어도 세 가지의 역할을 하며 사람들을 대할 것이다. 자신이 맡고 있는 역할에 맞는 직함에 유머를 넣어서 표현해 보자. 너무 고상하게 생각하지 말고 즐거운 마음으로 자신의 직함을 마음껏 써 보자.

직장 내에서 상대방에 따라 자신을 다음과 같이 다르게 표현할 수 있다.

• 후배에게 : 어려운 일을 편하게 부탁할 수 있는 형
• 상사에게 : 유능하며 신뢰할 수 있는 부하 직원
• 회사 밖에서 : 어떤 때라도 고객의 입장에서 성심성의껏 최선을 다하는 서포터

가족에게 그리고 취미 생활과 사회생활을 할 때는 다음과 같이 표현할 수 있을 것이다.

• 집에서 : 가족 모두에게 안정과 웃음을 가져다주는 최고의 아버지
• 취미 활동 시 : 헬스장에서 몸을 단련하여 사랑하는 가족과 우리나라의 평화를 지키는 최고의 사나이
• 사회생활 시 유제품 제조업에 종사하는 경우 : 좋은 유제품을 생

상대방을 확 사로잡는 자기소개의 규칙

산하여 우리의 아이들을 튼튼한 뼈와 치아를 가진 건강한 아이들로 만드는 칼슘과 같은 존재

다른 예들도 살펴보자.

- 학생 세미나에서 : 전문 분야에서 깊이 있는 연구를 함과 동시에 팀워크를 중요시하는 스포츠도 아주 좋아하는 사람
- 옮긴 부서에서 : 모든 사람들과 빨리 친해져서 우리 부서를 최고의 부서로 만들고자 하는 열혈 사원
- 타 업종에서 일하는 사람들과의 모임에서 : 당신의 이야기를 들려주십시오! 사람을 아주 좋아하는 IT 회사 창업자이자 매력적인 사람들과 즐거운 시간을 보내고 싶은 젠틀맨

이런 식으로 그때마다 이야기할 문구를 생각해 둔다면 각각의 상황 속에서 자신이 있어야 할 이유나 의미를 확실하게 나타낼 수 있다. 이런 예들에 당신만의 이야기를 추가하면 된다. 순간순간 떠오르는 것들을 종이에 써 보자.

02

한 번에 자신을
기억하게 만드는 비결

➡ **왜 나를 기억하지 못하는 것일까?**

자기소개를 하면서 상대방이 기억해 주길 바라는 것은 이름과 무엇을 제공할 수 있는가였다. 이제 상대방의 입장이 되어 다시 한 번 생각해 보도록 하겠다.

지금까지 만났던 사람들 중에 한 번에 기억할 수 있었던 사람은 어떤 사람이었는가? 예를 들어 고등학교나 대학교에 입학했을 때 새로운 반이나 모임에 참석한 모든 사람들과 함께 순서대로 자기소개를 한 적이 한 번쯤은 있었을 것이다. 이때 인상 깊었던 사람과 그렇지 않았던 사람이 있었을 것이다. 자신이 인상 깊었다고 생각한 사람은 다른 사람들에게도 역시 그렇게 생각되었을 것이다.

"저기, 그 A라는 사람, 정말 재밌지 않아?"

"맞아. ○○에 대해서 이야기했던 A지?"

"A? 응. 나도 기억해."

이처럼 많은 사람들이 나를 한 번에 기억하게 할 수 있다.

반대로 일대일로 자기소개를 했음에도 불구하고 이름조차 전혀 기억나지 않는 사람도 있다. 이를테면 '지금 저 담당자 이름이 뭐였지? 또 잊어버렸어. 명함이 어디 있더라……'라는 식이다. 만약 이 사람을 이후에 또 만나게 된다면 '아, 이 사람이었나?'라는 생각을 하게 될 것이다. 어쩌면 이미 얼굴조차 잊었을 수도 있다. 두 상황이 왜 이렇게 차이가 나는지 그 이유를 생각해 보자.

➡ 기본적인 자기소개를 만들어 두어라

이름과 무엇을 제공할 수 있는가를 상대방에게 제대로 전한다면 다시 만났을 때 그 사람은 당신을 제대로 기억해 줄 것이다. 이 두 가지를 제대로 정해 두면 여러 상황 속에서 계속 응용할 수 있다. 또한 평소에 생각해 두면 그 상황에 맞춰 더욱 이해하기 쉬운 설명 방법이나 표현 방식이 떠오를 것이다.

다음의 기본적인 자기소개를 미리 확실하게 만들어 두고 이를 활용한다면 상대방이 나를 단번에 기억할 확률이 훨씬 높아진다.

기본적인 자기소개의 예

안녕하세요. ① 이·이·다, 쇼·코飯田昭子라고 합니다. ② 제 성姓은 반찬의 반으로도 쓰이는 밥을 뜻하는 반飯 자와 밭을 뜻하는 전田 자를 쓰는 이이다飯田입니다. 그리고 제 이름은 밝게 비춘다는 의미의 소昭 자와 자녀를 뜻하는 한자인 자子 자를 써서 쇼코昭子라고 합니다. 저는 주택 건설 업체에서 사무 업무를 담당하고 있습니다. 어렸을 때부터 오래된 건축물, 특히 ③ 제2차 세계 대전 이전의 서양식 건축물들을 보는 것을 좋아했었습니다. 요즘은 주로 사진을 찍으며 휴일을 보내고 있습니다. 혹시 사진을 잘 찍는 방법을 모르시는 분이 계십니까? 제가 그 방법을 알려 드릴 수 있으니 궁금하시다면 제게 편하게 물어봐 주십시오.

잘 부탁드립니다.

① 이름은 한 글자씩 확실히 발음한다. 성을 먼저 말한 후 한 박자 쉬고 나머지 이름을 말한다.

② 이름에 쓰인 한자를 풀어서 설명하거나 인상에 남을 만한 다른 표현들을 사용해 보자.

③ 상대방에게 무엇을 제공할 수 있는지 구체적인 행동을 예로 들면서 명확하게 나타낸다.

평소에 상대방이 자신을 기억하게 만드는 자기소개가 무엇

인지 생각해 봐야 한다. 그리고 이것을 토대로 기본적인 자기 소개를 마련해 둔다면 상대방에게 강한 인상을 심어줄 수 있다.

➡ 말하는 방법을 훈련하자

자기소개를 할 때 중요한 것이 '말하는 방법'이다. 처음 만나는 사람의 마음을 한 번에 사로잡기 위해서는 자기소개의 내용 못지않게 목소리와 몸짓도 중요하다.

말하는 내용이 아무리 훌륭해도 목소리가 모기 소리만큼 작다면 자기소개의 내용이 상대방에게 전달되기 어려울 것이다. 가능하면 편안한 시선으로 상대방을 바라보면서 확실한 목소리로 또박또박 말한다면 상대방에게 좋은 인상을 남길 수 있다.

또 하나 기본적으로 필요한 것이 몸짓이다. 웃음이 가득한 밝은 표정, 상대방의 눈을 맞추는 아이 콘택트Eye Contact, 감정을 잘 전달하기 위한 손짓 등이 그것이다. 우리는 이미 이것들을 잘 알고 있다고 생각할지도 모른다. 하지만 실제 상황 속에서 이것들을 잘하지 못하는 사람들이 의외로 많다.

➡ 사적인 명함을 만들어 보라

명함은 상대방이 자신을 한 번에 기억하도록 만드는 가장 강력한 힘을 가졌다. 사회인이라면 누구나 자신의 직함이 적혀 있는 명함을 가지고 있을 것이다. 회사에서 만들어 주는 이 명함은 우리가 사회생활을 할 때 필요하다.

이것과는 별도로 사적인 용도로 쓸 명함을 만들어 두어야 한다. 꼭 전문가가 아니더라도 컴퓨터를 이용하면 간단하게 만들 수 있다. 이 명함에는 이름과 연락처, 자신이 제공할 수 있는 것, 유머러스한 자신만의 직함 등을 같이 써 넣는 것이다. 이러한 사적인 명함을 사용한다면 상대방에게 깊은 인상을 심어줄 수 있다. 자신의 얼굴과 비슷한 그림이나 웃는 사진을 함께 싣는 것도 효과적이다.

필자의 명함은 디자이너로 일하는 친구가 만들어 주었는데, 특이하게도 4면이 아닌 8면으로 되어 있다. 각각 모든 면에 경력과 실적은 물론, 어렸을 때의 이야기나 장래의 꿈, 세미나에 관련된 내용과 책 안내까지 실어 놓았다. 이렇듯 사적인 명함은 상대방에게 '나는 이런 면도 갖고 있다'는 것을 알리는 데 유용하게 사용될 수 있다.

회사 명함만을 주고받는 데서 그치는 것이 아니라 자신만의 명함을 같이 전달한다면 상대방에게 특별한 인상을 심어줄 수 있을 것이다. 사적인 명함 한 장으로 상대방은 언제든지 나를 기억할 수 있을 것이다.

03

자기소개에서
신경 써야 할 것

➡ 관심 가는 사람에게 자신을 확실히 알리자

많은 사람들 앞에서 자기소개를 할 때 신경 써야 할 부분들을 살펴보자.

많은 사람들이 모여 있는 장소에서 자기소개를 한다는 것은 첫째, 혼자서 많은 사람들 앞에서 이야기하는 경우와 둘째, 모임과 같은 상황에서 일대일로 자기소개를 하는 경우로 나누어 생각해 볼 수 있다.

우선 전자의 경우를 생각해 보자 후자의 경우는 162쪽을 참고. 많은 사람들 앞에서 자기소개를 할 때 중요한 것은 '이름'과 '제공할 수 있는 것'을 알리는 것이다. 주의할 것은 자기소개가 자신을 알리는 것 외에 다른 것을 홍보하려고 한다는 생각을 상대방이 하게 해서는 안 된다는 것이다.

자기소개를 할 때 신경 써야 할 한 가지는 상대방이 내 이야기를 '더 듣고 싶다'고 생각하게끔 만드는 것이다. 비록 상대방에게 '제공할 수 있는 것'이 단순하다고 해도 그것을 확실하게 전달한다면 관심을 갖는 사람이 먼저 다가올 것이다.

여러 사람 앞에서 하는 자기소개에 관해 살펴보자. 한 장소에 모여 있는 사람들 모두가 각자 순서대로 다른 사람들 앞에서 자기소개를 하는 경우다. 이때의 자기소개는 자신의 이야기에 가능한 한 많은 사람들이 관심을 갖도록 하는 것을 목표로 하는 것이 좋다. 그 장소의 최대 공약수가 되는 주제, 즉 지금까지 우리가 계속 이야기해 왔던 '공통된 주제'를 찾아 자기소개에서 다루는 것이다. 그 장소나 모임에 참석하게 된 계기나 참여해 본 소감 등을 화제로 이야기한다면 더욱 효과적이다.

강의가 끝난 뒤 많은 사람들 앞에서 한 자기소개

저는 다나카 타로田中太郎라고 합니다. ① 물류 시스템 효율화를 위한 업무를 하고 있습니다. 이번 비즈니스 메일 강좌에 참가하게 된 것은 지난 번 ② 고객에게 메일을 보낼 때 실수를 한 적이 있어서입니다.

자세히 이야기해 보자면, ③ 메일 제목을 흔한 말로 쓰는 바람에 고객이 스팸 메일Spam Mail인 줄 알고 삭제해 버렸던 것입니다.

게다가 메일을 보낸 뒤에 고객이 그것을 보았는지 전화로 확인하지 않아서 일이 더욱 커져버렸습니다. 지금까지 저는 고객에게 보내는 메일을 제 마음대로 써 왔습니다.

이러한 일을 겪으면서 저는 제대로 공부하 보자는 생각을 하게 되었고 상사에게 양해를 구한 후 이 강의를 듣게 되었습니다.

강의를 들으면서 ④ 비즈니스 메일에도 사용 규칙이 있다는 것을 깨닫게 되었고, 그것과 관련된 내용들을 잘 알게 되었습니다. ⑤ 요건을 한눈에 알아볼 수 있도록 제목을 짓는 요령도 터득하게 되었습니다. 앞으로 이것을 잘 활용해서 ⑥ 정확한 물류 시스템을 구축하고, 이를 통해서 모든 분들이 쾌적하고 행복한 나날을 보낼 수 있길 바라는 마음입니다. 감사합니다.

① 첫 부분에 자신이 하고 일을 간단히 이야기하고 있다.

② 자기 이야기라고 할 수 있는 과거 이야기로 시작하고 있다. '비즈니스 메일'이라는 공통된 주제를 들면서 그 강좌에 참석하게 된 계기를 이야기하고 있다. 실패담은 상대방이 자기 소개 내용에 공감하도록 만든다.

③ 어떤 실패였는지 구체적으로 이야기하면 상대방을 더욱 쉽게 이해할 수 있다.

④~⑤ 현재 이야기로, 강의에 참석한 뒤 소감이 어떠한지 구체적으로 이야기하고 있다. 단순히 '잘 알게 되었습니다'가

아니라 '어떤 점을' 잘 알게 되었는지 구체적으로 이야기하고 있다.

⑥ '○○을 통해서 ○○을 하다'라는 표현을 사용하여 '제공할 수 있는 것'에 관련된 '꿈과 이상'을 이야기함으로써 밝은 내용으로 자기소개를 마무리를 짓고 있다.

➡ 질문을 하는 것도 효과적이다

당신뿐만 아니라 그 자리에 있는 사람들도 각자 제공할 수 있는 것을 갖고 있을 것이다. 따라서 다음과 같이 자신이 먼저 상대방에게 물어보거나 제안을 하는 것도 하나의 방법이다.

- 다음 달 중국 북경에 출장을 다녀올 예정인데, 북경에 대해 자세히 알고 계신 분들 중에서 현지 정보를 저에게 알려주실 분이 계신가요?
- 베란다에서 채소를 키워보고 싶습니다. 혹시 키워보신 분이 있으면 조언 좀 부탁드립니다.
- 해양 스포츠를 아주 좋아합니다. 저와 취미가 비슷하신 분이 있으면 알려 주십시오. 함께 해양 스포츠를 즐겨보고 싶습니다!

서로 필요하거나 도움이 되는 것을 알게 된다면 기쁠 것이

다. 자신이 필요하거나 알고 있는 것을 먼저 이야기해 보자.

➡️ 신학기에 사용하는 자기소개 방법

신학기 때 자기소개를 하는 경우 상대방은 같은 학교나 반, 동아리, 세미나 등에서 만나는 친구나 동료로 나이가 거의 비슷한 또래일 것이다. 이때 자기소개의 핵심은 자기소개의 내용을 그 자리에 관계된 공통의 주제에 맞추면서 자신을 열어 보이겠다는 생각을 담아내는 데 있다. 같은 또래가 이야기를 듣는 것이기 때문에 제공할 수 있는 것을 서로 친근하게 느낄 수 있는 것이나 서로 공감할 수 있는 것으로 꾸미는 것이 좋다.

신학기 자기소개의 목표는 '새로운 친구를 늘리는 것' '학교나 동아리, 세미나 등에서 다른 사람들과 잘 지내기 위한 관계 형성' 등이다. 긴장하지 말고 자연스럽게 자신을 나타내는 자기소개를 하도록 하자.

같은 학과 학생들에게 하는 자기소개 예

안녕하세요. 미나가와 요지皆川洋司라고 합니다. ①이 대학의 자유로운 분위기와 도심 속에 자리한 캠퍼스가 너무 마음에 들어서 어렸을 때부터 들어오고 싶었던 대학이었습니다. 저는 홋카이도 출신으로 ②스키를 아주 잘 타며, 어느 정도까지는 스키 타는 법을 가르쳐 드릴 수 있습니다. ③시즌이 오면 스키를 좋아하시는 분들과 함께 꼭 한 번 스키장에 가고 싶습니다.

④대학 생활 동안 여러 종류의 책을 읽어 보고 싶습니다. 특히 ⑤해외 소설 중에서 재미있다고 생각하시는 것들을 추천해 주세요.

앞으로 잘 부탁드립니다.

① 이 자리에 오게 된 계기과거 이야기를 다루고 있다.

② '잘하는 것'은 당신이 누군가에게 '제공할 수 있는 것'이다.

③~④ 미래 이야기를 하고 있다.

⑤ 자신이 '바라는 것'을 상대방에게 제안해 보자.

대학 세미나에서 하는 자기소개 예

안녕하세요. 헨미 나오토辺見直人입니다. ①제가 이 세미나에 참석하게 된 것은 경제와 환경 간의 접점을 찾겠다고 하신 선생님의 연구에 관심이 있기 때문입니다.

저는 야외 활동을 아주 좋아해서 ②낚시나 야영을 자주 하러 갑니다. 최근에 바다와 산에 사는 생물체가 점점 줄어드는 것을 실감하게 되었고, 자연환경의 파괴와 그 심각성을 깨닫게 되면서 매우 안타까웠습니다. ③저의 이 경험들을 꼭 공부에 활용해 보고 싶습니다. ④그리고 앞으로 자연환경 보호와 관계되는 일에 종사하고 싶다는 생각도 갖고 있습니다.

제가 술을 아주 좋아하는 터라 ⑤가까운 시일 내에 세미나를 듣는 분들과 애주가 모임을 만들어 보고 싶은데 다들 어떠십니까? 간사는 제가 하겠으니 관심 있는 분들은 꼭 이야기해 주십시오! 물론, 선생님께서도 참석해 주신다면 정말 좋을 것 같습니다. 이상 ⑥야영을 하면서 술 마시는 것을 좋아하고 지구 환경을 생각하는, 나라 사랑과 지구 사랑에 빠진 청년이었습니다.

① 이 자리에 오게 된 계기과거 이야기를 다루고 있다.
② 이 자리에 오게 된 계기를 과거로 더 거슬러 올라간다과거 이야기. 구체적인 체험담을 진술하면서 자신을 열어 보이고 있다.
③ 가까운 미래에 대한 포부를 밝히고 있다.
④ ③의 내용보다도 더 먼 미래 이야기를 하고 있다.
⑤ ③과 ④와는 다른 각도에서 '바로 실현할 수 있는 가까운 미래 이야기'를 하고 있다.
⑥ 자기만의 직함을 가볍게 이야기하고 있다.

제공할 수 있는 것은 다음의 예와 같이 사소하고 작은 것들이 좋다.

운동은 무엇이든지 좋아합니다. 인원이 부족하다면 제가 도우러 가겠습니다.

교통편이나 숙소를 알아보는 것에는 자신 있으니 합숙 계획을 세우실 때 불러만 주세요.

어렸을 때부터 계속 머리카락을 길렀기 때문에 머리를 땋거나 예쁘게 올리는 머리도 자신 있습니다. 데이트를 하기 전이라든지 기분 전환으로 머리 스타일을 바꿔 보고 싶을 때, 언제든지 도와드리겠습니다.

대학교 주변 식당은 거의 다 다녀봤습니다. 예산이나 먹고 싶은 것을 이야기해 주신다면 갈 만한 식당이나 먹을 만한 음식을 알려드리겠습니다.

록 그룹인 ○○의 광팬입니다. 저처럼 ○○을(를) 좋아하시는 분들이 있다면 나중에 함께 콘서트에 갔으면 좋겠습니다.

요즘 학생들을 보면 너무 겸손해 보인다. 하지만 실제로 이야기를 나누어 보면 특출한 특기나 장기를 가진 친구들이 많다는 것을 알게 된다. 가만히 있으면 아무도 자신을 알아주지 않는다. 그것은 자신이 갖고 있는 다양한 가능성의 문들을 스스로 닫고 있는 것에 불과하다. 음식점에서 자신이 추천할 수 있는 메뉴를 알려 준다는 마음으로 편하게 이야기하면 된다. 자신감이 너무 부족해 보이거나 또는 너무 넘쳐 보이지 않게 주의하면서 상대방에게 '나는 이런 것을 할 수 있다' '이러한 것으로 고민이 된다면 물어보라'고 정확하면서도 무겁지 않게 이야기해 보자.

이 한 마디를 하는 것만으로 우리의 자기소개는 한 순간에 관심을 끌게 될 것이며, 상대방이 우리의 이름을 기억할 확률도 확실히 높아질 것이다.

➡ 취직이나 이직을 위한 면접에서의 자기소개

취업을 위한 면접은 대개 몇십 분 정도로 진행되지만 인생을 뒤바꿀 수 있는 아주 중요한 것이다. 물론 짧은 시간 동안 진행되는 면접만으로 그 사람의 인간성을 모두 다 알 수는 없다. 하지만 그 사람의 성격이나 일에 대한 열정은 확실히 알 수 있다.

면접을 치르면서 응시자들은 자기소개를 할 기회를 얻게 된다. 이는 업무와 관련해서 자신이 갖고 있는 많은 '강점'들과 생각, 꿈 등을 효과적으로 표현할 수 있는 기회이기도 하다. 따라서 취업 면접 때 할 자기소개는 즉석에서 자신의 열정을 표현해 보겠다고 생각하지 말고 사전에 준비해 두는 것이 좋다. 무엇을 이야기할 것인지 다방면으로 생각해 보고 이를 대본으로 만들어 가족이나 친구들 앞에서 예행연습을 해 보자. 예행연습을 하면서 내가 지원하는 회사 측이 어떤 생각을 하고 있는지, 어떤 자세로 면접에 임해야 하는지 생각해 보자.

학생들이 면접에 대한 조언을 구해 올 때, 필자는 친구들과 함께 면접 상황을 연출해 보라고 권한다. 실전과 같은 예행연습을 통해 알게 되는 것들이 놀랄 정도로 많기 때문이다. 우선 여러 명의 학생들이 한 그룹을 이룬다. 그리고 교대로 한 명씩 면접을 보는 지원자가 되고, 남은 사람들은 면접관의 역할을 맡는다. 면접관 역할을 맡은 학생들은 지원자에게 여러 가지 질문들을 던지면 된다. 이러한 예행연습을 한 뒤 다음과 같은 것들을 생각해 보자.

- 만일 내가 경영자나 인사 담당자라면 어떠한 사람을 채용할까?
- 내가 면접관이라면 어떤 사람과 함께 일하고 싶어 할까? 어떤 사람을 불합격 처리할까?

지원자의 입장에서만 생각하지 말고 직원을 채용하려고 하는 회사 측의 생각이나 채용되는 사람의 특징 등도 함께 생각해 봐야 한다. 그렇게 한다면 회사에서 원하는 사람을 선별하

기 위해 면접관이 어떤 질문을 할지, 또 그가 무엇을 알고 싶어 하는지 등을 알게 될 것이다.

우선 앞서 이야기한 방법을 통해 면접관의 입장에서 면접 시 요구되는 자기소개에 '무엇을' 포함하면 좋을지, '어떻게' 자기소개를 하면 좋을지 등을 생각해 보자. 이 과정을 충실히 이행한다면 면접관이 원하는 자기소개가 무엇인지 스스로 터득하게 될 것이다.

면접을 대비한 자기소개를 준비하면서 혹시 다음과 같은 생각을 하고 있지 않은가?

'내가 경영자나 인사 담당자도 아니고 면접을 봤던 경험도 없는데 내가 어떻게 알아?'

이러한 생각을 하는 것이 당연한 것인지도 모른다. 그러나 포기하지 말고 자신의 상상력과 지혜를 발휘하여 친구와 함께 앞서 소개한 방법을 실행해 보자. 자기 혼자 하는 것은 한계가 있으니 친구와 함께 하면서 서로 면접관과 지원자의 입장에 대해 여러 생각들을 해 보고 이를 서로 공유하자. 면접 경험이 없는 사람이라도 간단하게 해 볼 수 있고 그 효과 또한 크기 때문에 친구들과 함께 꼭 실행해 보자. 이렇게 연습한다면 면접장에서 효과적인 자기소개를 할 수 있을 것이다.

앞서 말했듯 자기소개는 '선물을 하는 것'이다. 면접관이 기억할 수 있는 자기소개가 되도록 '나는 면접관에게 어떤 선물을 할 수 있을까?'를 생각하면서 자기소개의 내용을 미리 구성해 보자.

➡ 친목회나 모임 등에서의 자기소개

세미나와 강연회, 연구 발표회 등의 시간이 끝난 뒤 친목 도모 등의 목적으로 뒤풀이가 만들어지기도 한다. 이러한 기회가 마련된다면 반드시 참가해 보길 바란다. 같은 목적으로 온 사람과 친해질 수 있는 아주 좋은 기회다.

일대일로 사람들을 대할 때에도 자기소개는 큰 역할을 한다. 우선 공통된 화제를 이야기하고 그 다음에 서로의 관심사가 맞는 이야기로 이어가는 방법을 사용하자.

- 이러한 세미나는 자주 참여하십니까?
- 오늘 강의는 어떠하셨습니까? 저는 마지막의 ○○ 부분이 도움이 되었습니다.

위의 예들은 처음에 상대방의 관심을 끄는 말로 사용할 수 있다. 이것으로 이야기를 시작한다면 상대방도 대답하기 쉽기 때문에 자연스럽게 말을 주고받을 수 있다.

모임과 같이 자유롭게 움직이면서 주위 사람들과 이야기할 수 있는 경우, 눈이 마주친 주위 사람에게 먼저 말을 걸어 보

자. 이때 신경 써야 하는 것은 우선 '상대방이 말을 하도록 하는 것'이다. 자신이 이야기를 이끌어 가는 것이 아니라 상대방의 말을 받아 주면서 공통된 화제를 발견하고, 그것으로 대화를 이어 나갈 수 있도록 해야 한다. 자연스러운 대화 속에서 자기소개가 이루어지도록 노력해야 한다.

친목회나 일대일 만남에서 할 수 있는 자기소개 예

"①오늘 강연회 재미있으셨습니까?"

"예, 흥미롭네요."

"저는 특히 국내외 데이터 비교를 통해서 알게 된 내용들이 흥미로웠습니다. ②어떠셨나요?"

"저도 그 부분이 흥미로웠습니다만, 오히려 과거 20년간의 데이터 추이를 통해 우리나라의 변화된 모습들이 더 흥미로웠습니다."

"③저도 그것이 참 의외더군요. ④저는 어떤 기업의 싱크탱크에 속해 있었지만 그 데이터는 처음 보았습니다. ⑤참, 인사가 늦었습니다. 저는 야마다 도라오山田寅男라고 합니다. 저 명함입니다."

"아, 감사합니다. 야마다 씨군요. 저도 20년간 우리나라에 어떤 변화가 있었는지 보면서 정말 놀랐습니다."

"⑥정말 그렇더군요. 그 데이터에 대해 자세히 알고 계신 것 같은데 ⑦그것과 관련된 일을 하고 계신가요?"

"네, 그렇습니다. 아, 제 명함을 드리겠습니다. 저는 와타나베渡辺라고 합니다. 제가 하고 있는 일은……."

① 상대방으로부터 공감을 이끌어 낼 수 있는 공통된 주제로 이야기를 시작하고 있다.

② 자기 말만 계속하면 안 된다. 상대방에게 관심을 갖고 상대방이 말을 하도록 해야 한다.

③ 상대방의 말을 제대로 받아들이고 있다.

④ 가볍게 자신을 드러낸다. 만약 상대방이 관심을 보이지 않으면 계속해서 말하지 않는다.

⑤ 자연스러운 분위기가 이어지지 못할 때 명함을 건네자.

⑥ 대화는 자신과 상대방이 서로 이야기를 주고받는 것이다. 상대방이 이야기하는 것을 제대로 받아들이는 자세가 중요하다.

⑦ 이때 화제를 조금이라도 넓혀 본다. ④와 ⑤에서 자신에 대해 알렸기 때문에 상대방에 대해서도 질문하기 쉬워진다.

➡ 명찰이 있는 경우는 기회다

때때로 모임의 주최자가 참가자들에게 명찰을 준비해 주는 경우가 있다. 이것이 기회다. 받은 명찰을 잘 활용해 보자. 미리 이름이 인쇄되어 있거나 쓰여 있을 경우 그 여백에 눈에 띄는 필기구로 간단한 내용을 적자. 이때 그 모임에 걸맞은 주

제나 내용을 쓰는 것이 효과적이다. 예를 들어서 '○○○ 씨의 출판 기념 모임'이라면 다음과 같이 쓰면 된다.

- ○○○ 선생님의 저서, 전부 독파! 가장 좋아하는 작품은 『○○○○』입니다.

이렇게 명찰에 적어 두면 자신의 관심사를 다른 참석자들에게 자연스럽게 알릴 수 있으며, 같은 관심사를 지닌 다른 참석자들과 좀 더 쉽게 만날 수 있다. 다른 업종의 모임에 참석했다면 자신이 하고 있는 일을 적어 보는 것도 좋을 것이다.

- 컴퓨터 문제로 고민하시는 분은 상담해 드리겠습니다.
- 재활용 비즈니스이미 사용한 상품을 새로운 상품으로 재탄생시켜 판매하는 것라면 맡겨주십시오!

명찰을 보고 관심이 있는 사람들이 말을 걸어올 것이다.

➡ 제공할 수 있는 것이나 제일 좋아하는 것 등을 명찰에 써보자

내 세미나에서는 미리 흰 종이와 여러 색의 펜을 준비하여 참가자들에게 자신의 명찰을 마음대로 쓰게 한다. 자기 PR의 내용에는 취미나 일 등 무엇이든지 다 들어갈 수 있다. '먹는 것과 술 마시는 것을 가장 좋아합니다'라고 쓰기도 하는데, 이를 통해 싸고 맛있는 음식점의 정보 등을 여러 사람들에 듣게 되는 경우가 많다.

언젠가 한 번은 세미나에서 신기하게도 명찰에 '아지를 제일 좋아합니다!'라고 똑같이 쓴 두 수강생을 보게 되었다. 이 두 사람은 휴식 시간에 서로의 명찰을 보면서 그 내용에 관해 이야기를 나누었다.

"아지라고 부르세요?"

"네, 저는 치와와를 키우고 있어요."

"저는 아지라고 이름 붙인 시추Shih Tzu, 중국 원산의 소형 애완견를 키우고 있는데 전보다 살이 많이 쪘어요. 이렇게 만나니 정말 반갑네요."

서로 종이 다른 강아지를 키우고 있었지만, 그 이름이 같다는 공통점을 발견하면서 친해지게 되었다. 이후로도 두 수강생은 계속해서 연락을 하며 지낸다고 한다.

아지라는 이름의 강아지를 제일 좋아한다는 사실을 명찰에 적어 두지 않았다면 바로 알 수 없었을 것이다. 그것을 명찰에 적어 두었기 때문에 공통된 화제를 쉽게 발견할 수 있었고, 서로의 관심사를 바로 이야기할 수 있었다. 또한 세미나가 끝난 이후에도 두 사람이 계속 만날 수 있게 했다.

주변에 사람들이 많다는 것은 자신과의 접점이나 공통점을 갖고 있는 사람이 많다는 것을 의미한다.

자신의 강점뿐만이 아니라 아주 좋아하는 것 그리고 최근 관심을 갖고 있는 것 등을 이야기하면서 다른 사람들과의 만남을 시도해 보자.

➡ 결혼식에서의 자기소개

친구의 결혼식은 새로운 인간관계를 만들 수 있는 아주 좋은 기회다. 이성이든 동성이든 관계없이 새로운 친구를 만들 수 있는 자기소개에 대해서 생각해 보자. 친목회의 경우와 같이 자연스럽게 이야기를 주고받으면서 자기소개를 하도록 하자.

이때 상대방과 나누는 이야기가 맞선 시 나누는 이야기로 흘러가지 않도록 신경 써야 한다. 그 시간을 즐겁게 보낸다는 생각으로 대화에 임해야 하며, 상대방에게 이것저것 캐묻지 않도록 주의해야 한다.

결혼식에 참석한 하객들의 특징은 신랑과 신부 중 어느 한 쪽을 알고 있다는 것이다. 신랑 신부와 관련된 화제는 결혼식에 참석한 하객들 모두에게 공통된 주제임을 잊지 말아야 한다.

결혼식장에서 할 수 있는 자기소개의 예

"결혼식에서 신부 A 씨가 정말 예뻤어요. ①어릴 때부터 친구 사이셨나요?"

"네, 고등학교 때부터 친구였어요."

"②A 씨가 규슈九州 지방에 있는 고등학교를 다닌 것으로 알고 있습니다만……."

"네, 맞아요. 저와 A의 고향은 규슈 후쿠오카福岡랍니다."

"그러면 오늘 후쿠오카에서 올라오신 건가요?"

"아, 그건 아니에요. 고등학교를 졸업한 이후에는 ③도쿄東京에서 살고 있어요."

"③저는 오사카大阪 출신이지만 지금은 도쿄에서 살고 있어요. 사용하는 말이나 지역 문화가 달라서 ④처음에는 많이 움츠러들었어요. 다른 사람들이 저를 과묵한 사람으로 봤을 정도였어요. 게다가 음식도 ⑤입에 맞지 않아서 고생을 많이 했습니다."

"저도 그랬어요. 특히 우동이나 라면 국물이 입에 맞지 않더라고요."

"제가 도쿄에 있는 ⑥맛있는 우동집과 라면집을 알고 있는데 알려 드릴까요?"

"정말이세요? 그러면 좀 알려 주세요."

"다음번에 메일로 그 가게 정보를 알려 드릴게요. ⑦아, 저는 다다노 도시오只野敏男라고 합니다. 여기 제 명함입니다."

"저는 이마다 요코今田陽子라고 합니다. 지금 명함이 없으니 나중에 메일을 보내 드리겠습니다."

상대방을 확 사로잡는 자기소개의 규칙

① 우선 무난한 말로 이야기를 시작했다.

② 상대방이 말한 고등학교 이야기에서 고향에 관한 이야기로 전개됐다.

③ 상대방과 자신이 같은 지역에 살고 있음을 언급하고 있다. 상대방과 자신의 비슷한 점을 이야기함으로써 친근감을 높일 수 있다.

④ 자신의 실제 경험담을 이야기하고 있다.

⑤ 자기 이야기를 하면서 서로 공감할 수 있는 화제를 다루고 있다.

⑥ 제공할 수 있는 것을 무리 없이 말하고 있다.

⑦ 자연스럽게 명함을 건네고 있다.

지금까지 설명한 방법들을 모두 사용할 필요는 없다. 자신이 사용할 수 있는 방법만 활용한다고 해도 충분한 효과를 볼 수 있다.

04

자,
이제 실천이다

➡ **비법을 알면 간단하다**

이 책의 1장에서 예로 들었던 세 명도 자기소개의 비법을
알고 난 후 많이 성장했다. 어떻게 바뀌었는지 함께 살펴보자.

상대방을 사로잡는 자기소개 예

평범남 씨의 경우: 다른 업종 사람들과의 모임에서

①저는 평, 범남이라고 합니다. ②저는 ○○ 평씨로, 평화를 말할 때
쓰는 평平 자를 성으로 씁니다. 평범하다고 할 때의 범凡 자와 남자
의 남男 자를 써서 범남이라고 합니다. 제 이름 그대로 저는 평범하
지만 평화를 사랑하는 한 아이의 아버지입니다.

오늘 모임에는 다양한 일을 하시는 분들이 많네요. 저는 ③섬유 관
련 전문 무역회사에서 근무하고 있는데 요즘 경기 불황으로 ④회사

사정이 많이 안 좋아졌습니다. ⓔ이런 저에게 안식을 주는 곳이 있습니다. 그곳은 바로 저희 집 베란다에 만든 정원입니다. ⓕ처음에 초등학생인 제 딸이 나팔꽃을 기르기 시작해서 저도 그것에 관심을 갖게 되었습니다.

그러던 어느 날 제 딸이 ⓖ"아빠, 빨리 와 보세요!"라고 하면서 저를 불렀습니다. 무슨 일인가 하고 베란다로 가 봤는데, 큰 파란색 꽃이 아주아주 예쁘게 피어 있었습니다. 이를 계기로 저는 꽃의 매력에 빠지게 되었고, ⓗ지금까지 베란다에서 많은 꽃들을 키우게 되었습니다.

꽃을 키우면서 아이들과 함께 작은 생명을 키우는 것의 소중함과 이것을 실현할 수 있게 하는 평화가 얼마나 감사한 것인지 실감할 수 있었습니다. ⓘ앞으로 전 세계의 부모들과 그들의 자녀들에게 평화의 소중함을 느끼게 해 주고 싶습니다. ⓙ섬유 관련 전문 무역회사에 종사하면서 세계 평화를 지키는 데 즈금이나마 공헌할 수 있었으면 좋겠습니다.

① 성과 이름을 띄우고 천천히 전체 이름을 모두 말한다.

② 한자 이름을 쓸 경우에는 어떤 한자를 쓰는지 이야기해 주는 것이 좋다. 이때 상대방이 자신의 이름을 더 잘 기억할 수 있는 방법이 무엇인지 생각해 보자.

③ 직종에 관해서 너무 길게 이야기하지 말고 가능한 한 간

결하게 표현해야 한다.

④ 다른 업종에서 일하는 사람들과의 모임이라는 점을 감안하여 경제 상황을 공통된 주제로 정하고 그에 맞게 자신의 이야기를 하고 있다.

⑤ 무리 없이 자신을 열어 보이고 있다.

⑥ 과거 이야기부터 시작하고 있다. 과거와 현재, 미래 순으로 이야기하는 것이 좋다.

⑦ 직접 말하는 것처럼 이야기하면 현실감이 생긴다.

⑧ 현재 이야기를 하고 있다.

⑨ 미래 이야기를 통해 자신의 꿈이나 이상을 나타내고 있다.

⑩ 현재하고 있는 일제공할 수 있는 일을 통해 이루고 싶은 꿈이나 이상을 이야기한다. 여기에서는 'Ⓐ를 통해서 Ⓑ를 하고 싶습니다'라는 형식을 사용하고 있다.

상대방을 사로잡는 자기소개 예

강한녀 씨의 경우: 출판 기념회에서

안녕하세요. 주식회사 ○○소프트엔지니어링에서 근무하고 있는 강한녀라고 합니다. 저는 ①많은 기업들이 사용하고 있는 소프트웨어를 개발하고 있습니다.

○○○ 선생님의 신간 출간을 정말로 축하드립니다. ②소프트웨어

개발자인 제가 왜 역사 소설을 주로 쓰시는 ○○○ 선생님의 출판 기념회에서 인사를 드리게 되었는지 궁금하실 겁니다. 사실 저는 예전에 선생님으로부터 큰 도움을 받은 적이 있었습니다.

③소극적인 성격에 자신감도 잃었던 저는 일에 대한 의욕도 상당히 떨어져 있었습니다. 그러던 어느 날 우연히 ④선생님의 「○○○」라는 작품을 읽게 되었고, 작품 속 주인공이 강하게 살아가는 모습을 보면서 큰 깨달음을 얻었습니다. 이후 선생님께 팬레터를 쓰게 되었고, 선생님으로부터 따뜻한 답장도 받았습니다. 이것이 계기가 되어 팬 모임에도 나가게 되었고, 회사와 상관없는 여러 사람들과 다양한 활동을 하다 보니 어느새 제가 맡은 업무에도 적극적으로 임하게 되었습니다.

⑤최근까지 중소기업을 대상으로 하는 소프트웨어 개발 업무를 담당했습니다. 특히 지난번에 출시된 경리사무용 소프트웨어는 사용자들로부터 아주 좋은 평가를 받고 있어서, 매우 기쁜 마음으로 더 열심히 일하고 있습니다.

⑥선생님의 작품들이 많은 사람들에게 힘을 주듯이 ⑦제가 개발한 소프트웨어가 많은 기업들이 더 발전하는 데 도움이 되었으면 합니다. 또 ⑧그 기업들이 그로 말미암아 발생한 수익의 일부를 사회공헌에 사용해 준다면 참으로 기쁠 것입니다.

마지막으로 선생님께서 앞으로도 멋진 작품을 써 주시길 진심으로 바라는 바입니다.

① 참석자들이 같은 업종에 종사하는 사람들이라면 제공할 수 있는 것을 '범용 소프트'라고 짧게 말해도 될 것이다. 그러나 참석한 곳이 소설가의 출판 기념회이기 때문에 일반 사람들이 많다고 판단하여 이렇게 말을 바꾸어 설명하고 있다.

②, ④ 모임의 공통된 주제인 '○○○ 선생님'과 자신의 관계를 밝히면서 자신의 이야기를 소개하고 있다.

③ 과거 이야기를 하고 있으며, 현재와 '극과 극의 상황'으로 자신을 열어 보이고 있다.

⑤ 현재 이야기를 시작하고 있다.

⑥, ⑦ 자신이 원하는 미래 이야기를 공통 주제인 ○○○ 선생님과 연관 지어서 말하고 있다.

⑧ '제공할 수 있는 것'이 앞으로의 '꿈이나 이상'과도 관련되어 있다.

상대방을 사로잡는 자기소개 예

딴소리남 씨의 경우: 학원 강사 아르바이트 면접에서

이번에 학원 강사 아르바이트에 지원한 ○○대학교 법학부에 재학 중인 딴소리남입니다. 올 봄에 대학에 입학했기 때문에 학원 강사로서 학생들을 가르쳐 본 경험이 아직 없습니다.

하지만 ①중학교와 고등학교 6년간 여러 학원들을 다녔습니다. 총 5곳의 학원을 다니면서 20명 이상의 학원 선생님들께 수업을 받았

었습니다. 그래서 여러 선생님들의 다양한 교수법을 경험해 볼 수 있었습니다.

②저는 다소 요란하게 수업하시는 열혈 선생님보다 조용하지만 담백한 수업을 하시는 선생님, 수업 내용을 이해하기 쉽게 설명해 주시는 선생님이 더 좋았습니다. 학생들 한 사람 한 사람에게 맞추어 가면서 수업을 해 주셨을 뿐만 아니라 진지하고 자세한 설명으로 수업을 이끌어 가셨기 때문에 편안한 마음으로 수업을 들을 수 있었습니다.

저는 단 것을 좋아해서 자주 ③빵을 먹으면서 걸어 다닙니다. 보기 드문 빵이나 화제가 된 빵들을 거의 다 먹어봤지만, 그래도 제가 좋아하는 빵은 옛날부터 먹어 왔던 슈크림 빵과 단팥빵입니다. ④그 빵들은 화려하지는 않지만 제게 편안함을 줍니다. 제게 강의를 할 수 있는 기회를 주신다면 옛날부터 먹던 빵처럼 자극적이지 않으면서도 친절한 강사가 되도록 노력하겠습니다.

또한 ⑤학생들이 학원에 오고 싶게 만드는, 공부를 즐거운 것이라고 생각하게 만드는 수업을 하겠습니다.

피곤할 때 단 것을 먹으면 힘이 납니다. 이처럼 ⑥아이들에게 활기를 불어넣으면서 배움의 즐거움을 전하는 선생님이 되고 싶습니다.

① 중학교와 고등학교 때 여러 학원을 다녔던 실제 경험을 이야기하면서 자신이 가지고 있는 강점을 강조하고 있다.

② 자신의 경험을 토대로 학생이었을 때 어떤 선생님을 좋아했었는지 이야기하고 있다. 이것은 ⑥에서 이야기되는 '되고 싶은 선생님'의 장점을 보충 설명하고 있다.

③ 자기 모습을 열어 보이고 있다.

④ 빵에 관한 이야기와 앞에서 '좋아했던 선생님'을 관련지어서 이야기함으로써 자신의 개성을 드러내고 있다.

⑤ 꿈이나 이상을 명확하게 이야기하고 있다.

⑥ 어떤 선생님이 되고 싶은지 확실하게 이야기하고 있다.

➡ 최후에는 실천만이 남아 있다

지금까지 자기소개를 잘하기 위한 다양한 방법들을 살펴보았다. 앞선 내용들을 충실하게 읽어 왔다면 이제 자기소개에서 가장 중요한 것이 무엇인지 알 수 있을 것이다. 그것은 바로 '자기소개를 할 때 상대방의 입장에서 생각해 보는 것'이다. 이것은 자기소개를 잘하기 위해 지켜야 할 대원칙이다. 이 대원칙에 각 장에서 설명한 자기소개 방법들을 추가한다면 우리의 자기소개가 확 달라질 것이다.

이 책의 내용을 모두 완벽하게 소화할 필요는 없다. 우선 자신이 할 수 있는 자기소개 방법 또는 실제로 사용해 보고 싶은 자기소개 방법을 하나만 선택해서 실제로 사용해 보자.

자신이 선택한 방법을 이해했다면 그것을 실행하는 단계로

나아가야 한다. 요리책에 실려 있는 그림과 함께 조리법을 다 읽고 난 후 그것을 다 이해한다고 해도 실제로 만들어 보지 않으면 요리 솜씨가 결코 늘지 않는다. 자기소개도 마찬가지다. '이것은 할 수 있겠다'고 생각된다면 반드시 실행해 보자.

우리의 인생 속에는 엄청난 만남들이 펼쳐져 있다. 두근두근 설레는 마음으로 풍요로운 세상에 나가길 바라는 바이다.

자, 이 책의 내용을 하나만 실천해 본다면 어떤 것을 선택하겠는가? '워크시트 9'를 활용하여 자기소개의 달인이 되기 위한 첫걸음을 내딛어 보자.

이 책을 다 읽은 뒤에 다음의 질문들에 답해 보자.

작성일 : □□□□년 □□월 □□일

① 책의 내용 중 실제로 사용해 봤으면 좋겠다고 생각한 자기소개 방법이 무엇이었는가? 세 가지를 골라 보자.

1.

2.

3.

② 위에서 고른 세 가지 중에서 1순위에 해당하는 것을 직감적으로 고르고 동그라미를 쳐 보자.

③ 1순위로 고른 것을 어떤 자리에서 누구에게 어떻게 사용해 볼 것인지 생각나는 대로 써 보자.

④ 이 워크시트를 통해 생각하게 된 것은 무엇인가?

⑤ 지금까지 배운 것과 생각하게 된 것들을 다른 사람들에게 설명하면서 머릿속에 정리해 두자. 그리고 누구에게 설명해 줄 것인지 각각의 이름을 써보자.

첫 번째 사람: □□□ 씨

두 번째 사람: □□□ 씨

세 번째 사람: □□□ 씨

지원자와 면접관은 보는 것이 다르다

어느 편집자의 이야기다. 처음에 어떤 출판사에 취직을 했었지만 자신이 생각했던 것과 너무 달랐고, 그래서 그곳을 그만두고 다른 회사에 경력직으로 지원했다고 한다. 하지만 그가 아무리 다른 회사에 지원을 해도 좀처럼 취직이 되지 않았다. 그는 반년 동안 49개의 회사로부터 불합격 통지를 받았다고 한다. 자신이 왜 불합격했는지 전혀 몰랐던 그는 앞이 전혀 보이지 않는 곳을 손으로 짚어 가는 것처럼 똑같은 시행착오를 반복했던 것이다.

그가 50번째 되는 회사에서 면접을 볼 때였다. 면접에서 이야기한 내용은 전과 다르지 않았다. 그는 '이번 면접에서도 떨어지겠구나'라고 생각하게 되었다.

면접 도중 한 면접관이 그에게 물었다.

"반년 동안 취업 준비를 계속 하신 것 같은데, 아직 취업을 못 하셨네요. 만일 우리 회사 면접에서 떨어진다고 해도 앞으로도 출판업계 쪽에 계속 도전하실 생각이십니까?"

지금까지 지원했던 출판사들 중에서 이러한 질문을 했던 곳이 몇 군데 있었고 그때마다 그는 항상 "예, 저는 편집 일을 하고 싶기 때문에 꼭 출판업계 쪽에 지원할 것입니다."라고 대답했다고 했다. '다른 업계도 괜찮습니다'라고 대답한다면 열정이 없어 보여서 좋은 평가를 못 받을 것이라고 생각했기 때문이다.

"아닙니다. 출판업계를 우선순위에 두고 있기는 하지만, 벌써 반년 동안 취업을 못하고 있기 때문에 다른 업계도 생각하고 있습니다."

그의 이번 대답은 전과는 달랐다. '어차피 떨어질 것이라면 사실을 말하고 떨어지는 것이 좋다'고 생각했기 때문이다.

하지만 그는 자신의 예상과는 달리 50번째로 면접을 봤던 그 출판사에 경력직으로 합격했다. 입사 후 그는 당시의 면접관으로부터 다음과 같은 이야기를 들었다고 한다.

"우리 회사는 편집 경험이 길다거나 또는 책을 아주 좋아한다거나 하는 인재를 꼭 원했던 것은 아닙니다. 다른 업계에서 이직을 해 온 사람이 훌륭한 편집자가 되기도 합니다. 중요한 것은 유연성입니다. ○○○ 씨와의 면접에서 저는 그 유연성과 한 사람의 사회인으로서 ○○○ 씨의 건전한 가치관을 느꼈습니다."

면접관의 생각과 지원자의 생각은 위의 사례에서 보듯 크게 다르다. 따라서 취업 면접 시 '상대방의 입장에서 생각해야 함'을 반드시 기억해야 한다.

상대방을 확 사로잡는 자기소개의 규칙

나오는 말

여기까지 읽어주셔서 감사합니다.

여러분들은 이 책을 자기소개의 수준을 높이기 위한 안내서로 활용할 수 있습니다. 자기소개를 할 때 이 책에서 말한 조언들을 어떻게 사용할 수 있을 것인지 생각해 보고 그것을 실제로 활용해 본다면 자신이 생각한 것 이상의 효과를 거둘 수 있을 것이라고 확신합니다.

이 책에서 이야기하는 것들 중에는 효과가 바로 나타나는 것도 있고 또 천천히 나타나는 것도 있습니다. 즐거운 마음으로 활용해 보시길 바랍니다. 실천함으로써 우리 자신이 바뀌고 그로 말미암아 주위 사람들과의 커뮤니케이션에도 멋진 변화가 일어날 것입니다.

사실 이 책은 과거의 저에게 보내는 메시지이기도 합니다.

사람들과 이야기하는 것을 어려워하고, 집에서 혼자 시간을 보내거나 심지어 학교도 잘 가지 않으려고 했던 과거의 저에게 '이런 방법도 있어!'라고 말해 준다는 마음으로 쓴 것입니다. 지금은 웃으면서 말할 수 있지만, 산다는 것에 절망할 정도로 당시의 제 상황은 상당히 심각했습니다.

그런 제가 훌륭하신 은사님들을 만나 따뜻하면서도 엄격한 가르침 밑에서 자랄 수 있었고, 그 덕분에 어떻게든 다시 일어설 수 있었습니다. 그래서 지금과 같은 일을 할 수 있게 되었습니다. 그 은사님들과의 만남이 없었더라면 지금의 저는 있을 수 없었을 것입니다. 이 자리를 빌어서 진심으로 감사의 말씀을 드리고 싶습니다.

이 책을 펴내면서 많은 분들로부터 귀중한 의견과 조언들을 받았습니다. 정말 감사드립니다. 그중에서도 이 책의 추천사를 써 주신 호스피탈리티 연구소 대표이신 다카노 노보루 高野登 씨전 리츠칼튼 호텔 일본 지사장와 자기소개의 실례를 유쾌하게 제공해 주신 비즈니스 프로듀서 가토 이치로 加藤一郎 씨, 세무사 기리모토 히사요시 桐元久佳 씨, 커리어 컨설턴트 나이토 게이코 内藤圭子 씨, 메이크업 아티스트 후쿠다 마미 福田麻実 씨, 프로 유도 선수인 마스미즈 쇼헤이 升水翔平 씨께 특별히 감사를 드립니다. 그 외 모든 분들께도 감사의 말씀을 전하고 싶습니다. 진심으로 감사드립니다.

자기소개를 잘할수록 인맥이 더욱 넓어지고, 지금 하고 있는 일도 더 잘할 수 있게 됩니다. 하지만 예전의 저를 포함해서 자기소개를 구체적으로 어떻게 하면 좋을지 모르겠다고 하시는 분들이 많을 거라고 생각합니다. 그런 분들에게 이 책이 조금이나마 도움이 되었으면 합니다.

마지막으로 저의 세 가지 꿈을 말씀드리고자 합니다.

첫 번째는 아이들이 자기가 좋아하는 분야에 도전하면서 배움의 즐거움을 진심으로 느낄 수 있도록 하는 학교를 만드는 것입니다.

두 번째는 그러한 학교에서 아이들과 함께 성장하는 기쁨을 나눌 수 있는 선생님을 육성하는 것입니다. 그리고 이것을 가능케 하는 교육 대학을 만드는 것입니다.

마지막 세 번째는 이 두 가지를 당연하게 여기는 세상을 만드는 것입니다.

이 세 가지의 꿈을 반드시 실현하고 싶습니다. 저는 어렸을 때 사람들과의 대화를 잘하지 못해서 힘들어 했었습니다. 때문에 지금 자라나는 아이들이 저와 같은 아픔을 겪지 않길 바랍니다. 교육과 관련된 일을 하시는 분들이 이 책의 내용들을 익히신 후 반드시 자라나는 아이들에게도 전해 주셨으면 합니다.

저는 자기소개나 말하는 방법, 프레젠테이션 기법 등 커뮤니케이션의 기술을 정리하여 이것을 '교수법 향상 프로그램'으로 체계화하고 있습니다. 저는 이것을 많은 사람들에게 알리고 싶습니다. 특히 이것이 선생님이나 강사 분들의 교수법 향상에 도움이 되었으면 합니다.

초·중·고등학교 수업이나 대학 수업이 지금보다 더 즐겁고 재미있는 것이 된다면 모든 학생들의 눈이 더욱 빛날 것입니다. 그렇게 된다면 현재 교육 현장에서 일어나는 여러 문제들도 많이 줄어들 것입니다. 이렇게 해서라도 제가 조금이라도 세상에 공헌할 수 있었으면 합니다.

자, 오늘이 시작하는 날입니다. 비록 시작은 미약하지만 반드시 멋진 결과를 만들어 낼 것입니다. 이 책이 자기소개로 고민하시는 분들에게 한 줄기 빛이 되길 소망합니다.

매화 향기가 뒤덮인, 인연이 가득한 가마쿠라鎌倉에서
다나카 쇼죠 田中省三